“认识中国 · 中国基本制度”系列丛书

民族区域自治制度

民族团结和睦的根本保证

◎ 本书编写组

万其刚　张立伟　高民权　万恒易

五洲传播出版社

序 言

国之兴衰系于制，民之安乐皆由治。制度是国家之基、社会之规、治理之据，制度优势是一个国家的最大优势。一个国家选择什么样的国家制度和国家治理体系，是由这个国家的历史文化、社会性质、经济发展水平决定的。中国十分重视制度建设的科学性、可行性、稳固性，中国特色社会主义制度是被实践反复证明有显著优势的制度体系。中国共产党在长期革命、建设、改革和发展的时代进程中，团结带领人民不断探索实践，逐步形成了中国特色社会主义制度，形成经济、政治、文化、社会、生态文明、军事、外交等一整套更加成熟更加定型的制度。这是人类制度文明史上的伟大创造，也是人类制度文明史上前所未有的巨大而生动的实践。坚持和完善中国特色社会主义制度、推进国家治理体系和治理能力现代化的成功实践，为当代中国发展进步提供了根本制度保障，也为世界和平发展提供了独特的中国方案。

读懂中国，首先要读懂中国共产党，中国共产党领导是中国特色社会主义最本质的特征，是中国特色社会主义制度的最大优势。而读懂中国共产党，就要了解中国制度选择的探索史、中国制度建设的发展史、中国制度自信的理论逻辑，以及中国共产党制定各项制度的指导思想、理论基础、目标任务、实践要求等。在中国，党的全面领导不是抽象的而是具体的，涉及国家治理的各领域各方面各环节，体现在各级各类组织的活动之中。而这一整套多层次、全方位的制度安排，都是为了实现这样一个政治目标和崇高追求：如何充分体现人民当家作主的要求，如何真正实现人民当家作主，从而维护人民根本利益。

认识中国，就要了解中国基本制度。评判一种制度是否行得通、有效率、真管用，实践最有说服力。70 多年来，中国共产党团结带领中国人民创造了世所罕见的经济快速发展奇迹和社会长期稳定奇迹，这“两大奇迹”是党带领人民长期不懈奋斗的必然结果，也是中国国家制度和治理体系显著优势充分发挥的必然结果。当前，世界百年未有之大变局加速演进，人类命运共同体构建的任务更加艰巨与迫切。“世界怎么了、我们怎么办”？在世界之变、时代之变、历史之变中，世界迫切需要更多更强大的确定性力量，来科学回答世界之问、人民之问、时代之问，为处于历史十字路口的人类社会现代化进程指明前进方向。

实践证明，中国特色社会主义制度是以马克思主义为指导、植根中国大地、具有深厚中华文化根基、深得人民拥护的制度，是具有强大生命力和巨大优越性的制度。党的十八大以来，国家制度建设被放在前所未有的历史高度，当下，中国正处于实现中华民族伟大复兴关键时期，正在坚持和完善中国特色社会主义制度、推进国家治理体系和治理能力现代化上下更大功夫。世界上越来越多的人，对中国制度及其独特优势有了比较充分的认识了解，但也仍然有一些人，对中国特色社会主义制度不甚了解，甚至存在误解误读。在此背景下问世的“认识中国・中国基本制度”系列丛书，无疑能够及时回应国内国际关切，科学回答世界之问、时代之问、民心之问、道义之问。

中国特色社会主义制度是严密完整的科学制度体系，其中，起枝干作用的是中国特色社会主义根本制度、基本制度、重要制度，它们构建起国家制度和治理体系的总体框架，是中国特色社会主义制度的

“总纲”和“总遵循”，是认识了解中国特色社会主义制度和国家治理体系必不可缺的部分。基于此，“认识中国·中国基本制度”系列丛书共分 5 册，分别是：《人民代表大会制度：全过程人民民主的重要制度载体》《多党合作与政治协商制度：中国式民主的伟大创举》《民族区域自治制度：民族团结和睦的根本保证》《基层群众自治制度：保障人民当家作主的有效途径》《一国两制：维护国家统一和领土完整的重要制度》。

人民代表大会制度是坚持党的领导、人民当家作主、依法治国有机统一的根本政治制度安排。《人民代表大会制度：全过程人民民主的重要制度载体》一书全面系统介绍了人民代表大会制度的形成、运作和发展的历史过程和生动实践，重点介绍了人大制度的独特优势和重要作用、宪法和人民代表大会制度的关系、人大选举制度、人大代表的履职和作用、立法制度和立法工作、人大监督制度和监督工作、人大及其常委会会议制度、人大对外交往等方面的基本情况。

在中国国家政治生活中，中国共产党领导的多党合作和政治协商制度、民族区域自治制度、基层群众自治制度这 3 个方面的制度作为基本制度，对于协调政党关系、解决民族问题、推进基层直接民主起到了基础性作用。它们是符合中国国情、具有独特优势和强大效能的制度创造。《多党合作与政治协商制度：中国式民主的伟大创举》一书，围绕这一新型政党制度是怎么来的、优势是什么、如何运行、如何发展完善、人民政协如何发挥作用等方面，作了介绍。《民族区域自治制度：民族团结和睦的根本保证》一书，围绕这一基本政治制度的形成、发展完善和实际运行，着重介绍了它的发展历程、主要内容、显著特点和成功实践。《基层群众自治制度：保障人民当家作主的有效途径》一书，全面系统介绍了独具中国特色的基层群众自治制度，包括基层群众自治制度的本质和核心、基本原则、组织形式，重点介绍了村(居)民的民主选举，村（居）民委员会组成、职责与运行机制，村（居）民会议，村（居）务公开，城乡社区协商，村规民约和居民公约以及企事业单位民主管理制度等。

“一国两制”是中国共产党领导人民实现祖国和平统一的一项重要制度，是一个新生事物，是中国特色社会主义的一个伟大创举。“一国”是实行“两制”的前提和基础，“两制”从属和派生于“一国”并统一于“一国”之内。《一国两制：维护国家统一和领土完整的重要制度》一书，以制度为主轴，结合理论、历史和实践，分析了“一国两制”的起源和形成，介绍了“一国两制”在香港和澳门的巨大成功，论证了香港、澳门重新纳入国家治理体系的过程和基本标志，梳理了党中央对台大政方针政策的发展演变，并对“一国两制”的历史定位和世界价值进行了深入探讨，对于 2019 年以来香港政治形势的发展变化也有专门分析和介绍。

了解一国制度，不但要知其然，还要知其所以然。这套丛书，紧紧围绕几个重要问题展开：中国制度为什么好？中国制度为什么行得通？中国制度的优势在哪里？通过历史溯源、制度演进、经验介绍、案例分析、延伸阅读等，全面系统地介绍中国基本制度的历史经纬、形成发展与成功实践的历史史实，使广大读者能够进一步了解中国制度的优越性，并从中深刻体会中国力量、中国精神，找出“中国之治”、中国方案踔厉笃行的基因密码。

这套丛书，大处着眼，细处着笔，文字通俗易懂，以立体、丰富的方式表现立体、丰富的中国制度故事和鲜活实践，把“大道理”融入“金句”“延伸阅读”“知识链接”等多种呈现方式之中，让“中国之治”具象化、动起来、活起来。这套丛书既适宜普通读者阅读，对专业研究人员也有参考价值，对于帮助大家了解“中国之制”和“中国之治”有一定的益处。希望它们能够在广大读者心中产生强烈共鸣。

目　　录

导 论
中国特色解决民族问题的正确道路

当今世界，约有2500个民族，分布在200多个国家和地区。由于民族多、国家少，绝大多数国家都存在民族问题，既包括民族自身的发展，又包括民族之间，民族与阶级、国家之间等多方面的关系问题。

民族问题，既是一个历史问题，也是一个世界性重大问题。

放眼全世界，如何处理民族问题？这既有许多理论和政策主张，也有不同的治理模式。

中国共产党在革命、建设和改革的伟大进程中，创造性地把马克思主义民族理论同中国民族问题的具体实际相结合，丰富和发展了中国特色民族理论和民族政策，走出了一条中国特色解决民族问题的正确道路。

金句

回顾党的百年历程，党的民族工作取得的最大成就，就是走出了一条中国特色解决民族问题的正确道路。[1]

---

1 习近平：《论坚持人民当家作主》，中央文献出版社2021年版，第325页。

一、马克思主义民族理论

民族问题既是一种社会历史现象，也是社会问题的重要组成部分。马克思、恩格斯等经典作家高度重视民族问题，并深刻阐述了解决民族问题的理论。

（一）马克思、恩格斯关于解决民族问题的基本主张

作为马克思主义的创始人，马克思、恩格斯认为，只要剥削阶级存在，不同民族的剥削阶级就会维护既得利益而联合起来，共同镇压本民族的被剥削阶级。“压迫其他民族的民族是不能获得解放的。它用来压迫其他民族的力量，最后总是要反过来反对它自己的”。[2]这一基本观点，列宁在《论民族自决权》《社会主义与战争》等文中予以重申。

马克思、恩格斯深刻指出，在阶级社会，民族斗争服从阶级斗争，全世界无产者只有联合起来，推翻剥削压迫，才能真正实现民族平等。任何民族当它还在压迫别的民族时，不能成为自由的民族。明确提出“人对人的剥削一消灭，民族对民族的剥削就会随之消灭。民族内部的阶级对立一消失，民族之间的敌对关系就会随之消失”[3]。总之，民族之间要实现平等，前提就是要消灭剥削、压迫。

（二）列宁继承和发展了马克思主义民族理论

列宁高度关注民族问题，有许多论述，提出许多主张，对马克思恩格斯关于民族的理论有许多发展，概括起来，主要有以下四点。

2 见《马克思恩格斯全集》第十八卷，人民出版社 1964 年版，第 577 页。

3 马克思、恩格斯：《共产党宣言》，人民出版社 2018 年版，第 47—48 页。

第一，关于民族平等。1914 年 3 月，列宁在为俄国社会民主党工人党团起草的关于民族平等的法律草案中提出，“居住在俄国境内的各民族公民在法律面前一律平等”。根本的是要废除对犹太人、波兰人等一切民族的一切民族限制，促进俄国不分民族的全体工人的充分团结。[4] 列宁认为，实现民族平等是一个长期的过程。在无产阶级取得了政权，实现了民族解放，取得了政治平等、法律平等后，如果经济上、文化上长期差距过大，政治平等、法律平等也是空的。这道理很简单，法律上的平等还不是实际生活中的平等。

列宁十分注重维护民族平等和语言平等，保障少数民族权利，为各民族平等、和睦相处创造基本的民主条件。“马克思主义者重视承认民族平等和语言平等，不仅因为他们是最彻底的民主派。无产阶级团结的利益、工人的阶级斗争的同志般团结一致的利益要求各民族最充分的平等，以消除民族间最微小的不信任、疏远、猜忌和仇恨”。[5] 在列宁看来，充分平等包括承认各民族自决的权利，同时，维护、宣传、承认民族自决权，就是维护民族平等[6]。

第二，关于民族自决理论。在 1896 年，伦敦国际工人和社会主义组织代表大会通过的一项关于民族问题的决议中，就明确主张“一切民族有完全的自决权”[7]。在俄国十月革命前，列宁多次论述这一理论。1914 年，他在《关于民族政策问题》一文中明确反对分立主义，强调民族之间自愿而绝不是**强制的**联系，指出：“凡是我们看到

4 《列宁全集》第二十五卷，人民出版社 1988 年第 2 版，第 19—21 页。

5 《列宁全集》第二十五卷，人民出版社 1988 年第 2 版，第 153 页。

6 《列宁全集》第二十五卷，人民出版社 1988 年第 2 版，第 72 页。

7 引自《列宁全集》第二十五卷，人民出版社 1988 年第 2 版，第 72 页。

存在着民族间的强制的联系的地方，虽然我们决不宣传每个民族一定要分离，但是我们**无条件地**、坚决地维护每个民族的政治自决的**权利**，即分离的权利。”[8] 在《论民族自决权》一文中，他从研究民族运动的历史——经济条件得出结论，“所谓民族自决，就是民族脱离异族集合体的国家分离，就是成立独立的民族国家”。[9] 他还分析道：“马克思主义者不能忽视那些产生建立民族国家趋向的强大的经济因素。这就是说，从历史——经济的观点看来，马克思主义者的纲领中所谈的‘民族自决’，除政治自决，即国家独立、建立民族国家以外，不可能有什么别的意义。”[10] 他特别强调要采取历史的具体的分析方法，指出：“无产阶级认为民族要求服从阶级斗争的利益”，承认各民族平等，承认各民族都有成立民族国家的平等权利，“同时又把各民族无产者之间的联合看得高于一切，提得高于一切，从工人的阶级斗争来估计一切民族要求，一切民族的分离。”[11] 应当使民族自决的要求服从无产阶级阶级斗争的利益。1915 年，他在《社会主义与战争》中指出:“帝国主义是少数‘大’国不断加紧压迫全世界各民族的时代，因此，不承认民族自决权，就不可能为反帝的国际社会主义革命而斗争。‘压迫其他民族的民族是不能获得解放的。’（马克思和恩格斯语）无产阶级如果容许‘本’民族对其他民族采取一点点暴力行为，它就不成其为社会主义的无产阶级。”[12] 十月革命胜利后，列宁多次指出，

8 《列宁全集》第二十五卷，人民出版社 1988 年第 2 版，第 72 页。

9 《列宁全集》第二十五卷，人民出版社 1988 年第 2 版，第 225 页。

10 《列宁全集》第二十五卷，人民出版社 1988 年第 2 版，第 228 页。

11 《列宁全集》第二十五卷，人民出版社 1988 年第 2 版，第 238—239 页。

12 《列宁全集》第二十六卷，人民出版社 1985 年第 2 版，第 341 页。

民族自决是针对阶级剥削和压迫而言，因而，不适用于各民族从无产阶级自己掌握政权的国家里分离。他十分明确地说："自决"，向来就是"向"被压迫民族和压迫民族这两种民族提出的。并且，"任何一个马克思主义者，如果不愿违背马克思主义和整个社会主义的原则，那就不能否认，社会主义的利益高于民族自决权的利益。为了实现芬兰、乌克兰及其他民族的自决权，我们的社会主义共和国已经做了它所能够做的一切，并且还在继续做下去。"[13] 也就是说，随着形势发生了重大变化，列宁改变了最初关于民族自决的主张。这是一个重大的政治原则。

第三，主张区域自治和地方自治。在列宁看来，消灭了民族剥削与压迫的社会主义国家，应该用新的模式来处理民族问题。无产阶级政党力求各民族彼此接近以至进一步融合，革命无产阶级的纲领，就是"分离的完全自由，最广泛的地方自治（和民族自治），详尽规定保障少数民族权利的办法"。[14] 明确提出：必须实行广泛的区域自治和完全民主的地方自治，并且根据当地居民自己对经济条件和生活条件、居民民族成分等等的估计，确定地方自治地区和区域自治地区的区划。列宁多次指出，马克思主义在原则上是反对联邦制的，只有在个别的特殊情况下，才能"用比较松散的联邦制的统一代替一个国家政治上的完全统一"，[15] 并认为联邦制不是无产阶级国家政权的永久性结构形式，仅仅是向建立中央集中单一制国家的过渡形式。

---

13 《列宁全集》第三十三卷，人民出版社 1985 年第 2 版，第 254 页。

14 《列宁选集》第三卷，人民出版社 1995 年第 3 版，第 52 页。

15 《列宁选集》第一卷，人民出版社 1995 年版，第 459 页。

第四，关于民族主义。列宁坚决反对抽象地谈论民族主义。“抽象地提民族主义问题是极不恰当的。必须把压迫民族的民族主义和被压迫民族的民族主义，大民族的民族主义和小民族的民族主义区别开来。”进而提出：“压迫民族或所谓‘伟大’民族的国际主义，应当不仅表现在遵守形式上的民族平等，而且表现在压迫民族即大民族要处于不平等地位，以抵偿在生活中事实上形成的不平等。”[16]目的是要促进民族团结，无产阶级团结。

此外，斯大林也对民族理论有一些阐述。

（三）俄国和苏联等的有关实践

十月革命胜利后，根据列宁的建议，1922 年 3 月，阿塞拜疆、亚美尼亚、格鲁吉亚共和国相互缔结条约，成立了南高加索苏维埃社会主义共和国联盟。1922 年 12 月 30 日，全苏第一次苏维埃代表大会批准的苏维埃社会主义共和国联盟成立宣言和成立条约，规定各加盟共和国享有主权国家地位，拥有自由退出联盟的权利。到 20 世纪 60 年代，苏联包括 15 个加盟共和国，加盟共和国境内有 20 个民族自治共和国、8 个民族自治州和 10 个民族自治区。

20 世纪 40 年代中期，南斯拉夫、捷克斯洛伐克也仿效苏联，以民族划界建立联邦主体，并联合组成统一的联邦制国家。当然，苏联东欧国家解体以后，民族问题不仅没有解决，似乎还更多了、更复杂了。

16《列宁全集》第四十三卷，人民出版社 1987 年第 2 版，第 352 页。

二、新中国成立前后中国共产党关于民族工作的重大方针和政策

中国共产党历来高度重视民族工作。以毛泽东同志为主要代表的中国共产党人，在领导全国各族人民建立新中国、建设新中国的过程中，提出了一系列关于民族问题的大政方针。

第一，实行单一制国家结构下的民族区域自治。国家结构形式问题，对于我们这个多民族的国家来说，是关系国家前途命运和各民族根本利益的重大问题。中国共产党从成立起，就对采用什么样的国家结构形式，进行了不懈探索。中华人民共和国成立之前，根据中国国情和民族问题的实际，中国共产党决定在单一制国家结构下实行民族区域自治。可以说，中国特色解决民族问题的正确道路，在政治制度上的集中表现，就是创造性地提出并实行民族区域自治制度。之后，中国共产党又进一步从理论、政策、法律上，不断完善和发展民族区域自治制度。

第二，各少数民族有平等自治的权利。1947 年，就明确提出："承认中国境内各少数民族有平等自治的权利。"[17] 1957 年 7 月，周恩来同志在《关于中国民族政策的几个问题》的讲话中指出：中国实事求是地实行民族区域自治，"不仅使聚居的民族能够享受到自治权利，而且使杂居的民族也能够享受到自治权利。从人口多的民族到人口少的民族，从大聚居的民族到小聚居的民族，几乎都成了相当的自治单位，充分享受了民族自治权利"。[18]

17 《毛泽东选集》第四卷，人民出版社 1991 年版，第 1238 页。

18 《周恩来选集》下卷，人民出版社 1984 年版，第 258 页。

第三，中国民族区域自治的特点。一是原则性和灵活性的结合。少数民族问题有共同性，也有特殊性，在政治、经济、文化上都有自己的特点。1954 年《宪法》对此作出有针对性的规定。“共同的就适用共同的条文，特殊的就适用特殊的条文”。[19] 二是“两个正确结合”。1957 年，周恩来同志在民族工作座谈会上指出，民族区域自治是民族自治与区域自治的正确结合，是经济因素与政治因素的正确结合。

第四，强调民族团结。1956 年、1957 年，毛泽东同志先后在《论十大关系》和《关于正确处理人民内部矛盾的问题》等重要讲话中，都强调必须搞好汉族和少数民族的关系，巩固各民族的团结。他指出：“国家的统一，人民的团结，国内各民族的团结，这是我们的事业必定要胜利的基本保证。”他进一步分析道：“中国少数民族有三千多万人，虽然只占全国总人口的百分之六，但是居住地区广大，约占全国总面积的百分之五十至六十。所以汉族和少数民族的关系一定要搞好。这个问题的关键是克服大汉族主义。在存在有地方民族主义的少数民族中间，则应当同时克服地方民族主义。无论是大汉族主义或者地方民族主义，都不利于各族人民的团结，这是应当克服的一种人民内部的矛盾。”[20] 其中，核心就是强调国内各民族的团结。

第五，民族区域自制度是“史无前例的创举”。“在中国适宜于实行民族区域自治，而不宜于建立也无法建立民族共和国”。中国根据实际情况，实行民族区域自治。“这样的制度是史无前例的

19《毛泽东文集》第六卷，人民出版社 1999 年版，第 327 页。

20《毛泽东文集》第七卷，人民出版社 1999 年版，第 204，227 页。

创举”。[21]

总之，新中国成立后，中国共产党逐步确立了以民族平等、民族团结、民族区域自治、各民族共同繁荣为主要内容的民族理论和民族政策，形成了民族工作的一系列基本制度和政策。

三、改革开放新时期民族工作方针和政策

进入改革开放新时期，党和国家进一步提出关于民族工作的方针政策。1979 年 4 月，全国边防工作会议重申了党的民族政策，强调一定要执行民族区域自治政策，尊重少数民族的平等地位和自治权利。针对“文化大革命”期间民族区域自治遭到破坏、少数民族自治权利得不到保障的情况，1980 年 8 月，邓小平同志在《党和国家领导制度的改革》一文中提出：“要使各少数民族聚居的地方真正实行民族区域自治。”[22]1981 年 6 月，党的十一届六中全会通过的《关于建国以来党的若干历史问题的决议》中指出：我们过去“在工作中，对少数民族自治权利尊重不够。这个教训一定要认真记取”。“必须坚持实行民族区域自治，加强民族区域自治的法制建设，保障各少数民族地区根据本地情况贯彻执行党和国家政策的自主权”。[23]

1990 年 8 月，江泽民同志在新疆视察工作时，从 5 个方面系统论述了社会主义民族观。1992 年 1 月，在中央民族工作会议上，江泽民

---

21 《周恩来选集》下卷，人民出版社 1984 年版，第 257—258 页。

22 《邓小平文选》第二卷，人民出版社 1994 版，第 339 页。

23 《三中全会以来重要文献选编》下，中央文献出版社 2011 年版，第 170—171 页。

同志从8个方面概括了中国共产党关于民族工作的重大方针和政策。[24] 2001年，中央民族工作会议又从10个方面作了新的概括。

2005年5月，胡锦涛同志在中央民族工作会议暨国务院第四次全国民族团结进步表彰大会上的讲话中，从12个方面对党中央关于民族工作的重大方针和政策作了新的阐述。

这里，要特别指出的是，中国共产党和国家积极开创以“中央民族工作会议”的形式，研究部署民族工作，解决民族问题。

党的十一届三中全会之后，中国民族工作领域进行了拨乱反正，民族工作回到了正确的发展轨道。随着改革开放的不断深入和经济建设的全面展开，社会主义市场经济体制的建立和完善，使得民族工作面临一些新情况、新问题。与此同时，国际形势也发生了重大变化。20世纪90年代初，随着东欧剧变、苏联解体，美苏两个超级大国长期对峙的冷战格局结束，引发了一场新的世界性民族主义浪潮，一些国家和地区因民族问题导致动荡乃至分裂，民族问题成为国际社会普遍关注的热点问题。国际敌对势力企图利用民族、宗教问题加紧对中国进行西化、分化，妄图就此打开缺口。

如何在这种国际国内变动的形势下，保持稳定和发展势头？这是中国急需正视和解决的问题。

正是在这一关键时刻，1992年党中央和国务院决定召开民族工作会议，并将会议的名称正式定为“中央民族工作会议”。首次召开的中央民族工作会议，从全局和战略上对民族工作进行了部署，开创了以“中央民族工作会议”这一方式，来确立改革开放各个阶段民族工

24 《江泽民文选》第一卷，人民出版社2006年版，第177—193页。

作最重要的指导性原则与最重大的战略部署的先例。这对中国民族工作的发展发挥了积极作用，特别是会后民族地区加快了对外开放的步伐。1992 年开始实行沿边开发战略，确立 13 个对外开放城市和 241 个一类开放口岸，设立 14 个边境经济技术合作区，其中绝大多数在民族自治地方。

延伸阅读　1992 年首次中央民族工作会议

1992 年 1 月 14 日至 18 日，中共中央、国务院在北京召开中央民族工作会议。会议主题是“加强各民族的大团结，为建设有中国特色的社会主义携手前进”。会议在肯定成就、总结经验的同时，分析了民族工作的形势，并最终确定了 20 世纪 90 年代中国民族工作的大政方针和主要任务。此外，此次会议上对民族问题有了很多新的概括。例如，在“民族问题”的内涵上，过去强调民族问题是处理民族之间的关系问题，在此次会议上则指出民族问题既包括民族自身的发展，也同时包括民族之间、民族与阶级、国家之间等方面的关系，这就深化了对民族问题的认识。

此后，“中央民族工作会议”成为一个制度性安排。1999 年和 2005 年，先后召开中央民族工作会议。事实证明，它有力推动中国少数民族和民族地区经济社会发展，确保了中国民族团结进步事业的有序进行和良性发展。

延伸阅读　1999 年中央民族工作会议

1999 年 9 月 29 日至 10 月 3 日，第二次中央民族工作会议在北京召开。会议的主题是贯彻实施西部大开发战略，加快民族地区发展，把民族团结进步事业全面推向新世纪。会议强调新中国的民族工作主要有两大历史任务：通过进行社会制度的变革，引导翻身解放的各民族人民走上社会主义道路；通过进行社会主义建设，加快各民族特别是少数民族和民族地区的经济社会发展，促进各民族的共同繁荣。

这次中央民族工作会议与全国民族团结进步表彰会结合起来，吹响了加快少数民族和民族地区经济社会发展的号角。这次会议第一次系统、明确地提出了西部大开发的五项主要任务。

延伸阅读　2005 年中央民族工作会议

2005 年 5 月 27 日至 28 日，在北京召开的第三次中央民族工作会议，是新世纪新阶段中国改革发展进入关键时期召开的一次重要会议。会议主题是“以科学发展观统领民族工作，促进民族地区和谐发展”。重点研究如何加快少数民族和民族地区经济社会发展，实现全面建设小康社会的宏伟目标。会议深刻阐明了“两个共同”的科学内涵及辨证关系，深刻指出，共同团结奋斗，就是要把全国各族人民的智慧和力量凝聚到全面建设小康社会上来，凝聚到建设中国特色社会主义上来，凝聚到实现中华民族的伟大复兴上来。

在这次会议上，有两个重点值得关注。一是关于社会主义民族关系，大会报告在“平等、团结、互助”之外，加上了“和谐”二字。这表明在新的历史时期，中国共产党对于民族关系的深刻把握。二是出台重要文件，中共中央、国务院印发《关于进一步加强民族工作加快少数民族和民族地区经济社会发展的决定》，这是新中国成立后关于民族工作全局的第一个指导性文件；国务院《实施〈中华人民共和国民族区域自治法〉的若干规定》，并审议通过《扶持人口较少民族发展规划（2005—2010 年）》。

会后，国家民委组织有关部门编写了“十一五”“十二五”《扶持人口较少民族发展规划》《兴边富民行动规划》和《少数民族事业规划》这三个国家级专项规划。2014年9月24日，国家发改委发布了《西部地区鼓励类产业目录》，自2014年10月1日起实施。在新形势下，边疆经济战略地位进一步提高，迎来新一轮的发展机遇。

四、十八大以来加强和改进民族工作的重大方针和政策

党的十八大以来，中国共产党就做好新时代民族工作召开一系列会议，出台一系列文件，作出一系列重大决策部署，不断丰富和发展党的民族理论和民族政策，形成习近平总书记关于加强和改进民族工作的重要思想，是新时代民族工作的行动指南和根本遵循。

（一）2014年中央民族工作会议

2014年9月28日至29日，第四次中央民族工作会议暨国务院第六次全国民族团结表彰大会在北京召开，习近平总书记出席并发表重要讲话，阐述了民族工作的一系列重大理论和实践问题，用“八个坚持”精辟概括了中国特色解决民族问题的正确道路，首次阐述中国特色解决民族问题正确道路的内容，涵盖了民族问题和民族工作的所有重大方面，体现了历史和现实的映照、国内和国际的对比、方向和道路的把握、制度和法律的原则、政策和实践的重点，构成了一个科学的理论体系。

延伸阅读　首次用“八个坚持”阐明中国特色解决民族问题的正确道路

“中国特色解决民族问题的正确道路，就是坚持在中国共产党领

导下，坚持中国特色社会主义道路，坚持维护祖国统一，坚持各民族一律平等，坚持和完善民族区域自治制度，坚持各民族共同团结奋斗、共同繁荣发展，坚持打牢中华民族共同体的思想基础，坚持依法治国，加强各民族交往交流交融，促进各民族和睦相处、和衷共济、和谐发展，巩固和发展平等团结互助和谐的社会主义民族关系，共同实现中华民族伟大复兴”。[25]

2017 年 10 月，党的十九大报告提出“铸牢中华民族共同体意识”这一新的重大论断，并写入党章。2019 年 9 月，在全国民族团结进步表彰大会上，习近平总书记发表重要讲话，进一步用“九个坚持”对新时代党中央关于民族工作的重大方针和政策作了新的概括和总结。[26]

（二）2021 年中央民族工作会议

2021 年 8 月 27 至 28 日，第五次中央民族工作会议召开，也是新时代第二次中央民族工作会议。习近平总书记在大会上发表重要讲话，全面回顾了中国共产党民族工作百年光辉历程和历史成就，深入

25《习近平谈治国理政》第二卷，外文出版社 2017 年版，第 300 页。

26 这“九个坚持”就是：“坚持准确把握我国统一的多民族国家的基本国情，把维护国家统一和民族团结作为各民族最高利益；坚持马克思主义民族理论中国化，坚定走中国特色解决民族问题的正确道路；坚持和完善民族区域自治制度，做到统一和自治相结合、民族因素和区域因素相结合；坚持促进各民族交往交流交融，不断铸牢中华民族共同体意识；坚持加快少数民族和民族地区发展，不断满足各族群众对美好生活的向往；坚持文化认同是最深次的认同，构筑中华民族共有精神家园；坚持各民族在法律面前一律平等，用法律保障民族团结；坚持在继承中发展、在发展中创新，使党的民族政策既一脉相承又与时俱进；坚持党对民族工作的领导，不断健全推动民族团结进步事业发展的体制机制。”见习近平：《论坚持人民当家作主》，中央文献出版社 2021 年版，第 281—282 页。

分析了当前党的民族工作面临的新形势，系统阐释了中国共产党关于加强和改进民族工作的重要思想，明确了以铸牢中华民族共同体意识为主线推进新时代党的民族工作高质量发展的指导思想、战略目标、重点任务、政策举措。

这次会议的重大成果，就是明确了习近平总书记关于加强和改进民族工作的重要思想。这一重要思想，博大精深，内涵丰富，逻辑严谨，深刻阐明了新时代党的民族工作的历史方位、重要任务、工作主线、制度保障、实现方式等，深刻回答了民族工作举什么旗、走什么路的根本性问题，集中体现为“十二个必须”，是党的民族工作实践的最新总结，是马克思主义民族理论中国化的最新成果，为做好新时代党的民族工作指明了前进方向，提供了根本遵循。

延伸阅读　习近平关于加强和改进民族工作的重要思想

“一是必须从中华民族伟大复兴战略高度把握新时代党的民族工作的历史方位，以实现中华民族伟大复兴为出发点和落脚点，统筹谋划和推进新时代党的民族工作。二是必须把推动各民族为全面建设社会主义现代化国家共同奋斗作为新时代党的民族工作的重要任务，促进各民族紧跟时代步伐，共同团结奋斗、共同繁荣发展。三是必须以铸牢中华民族共同体意识为新时代党的民族工作的主线，推动各民族坚定对伟大祖国、中华民族、中华文化、中国共产党、中国特色社会主义的高度认同，不断推进中华民族共同体建设。四是必须坚持正确的中华民族历史观，增强对中华民族的认同感和自豪感。五是必须坚持各民族一律平等，保证各民族共同当家作主、参与国家事务管理，保障各族群众合法权益。六是必须高举中华民族大团结旗帜，促进各民族在中华民族大家庭中像石榴籽一样紧紧抱在一起。七是必须坚持和完善民族区域自治制度，确保党中央政令畅通，确保国家法律法规实施，支持各民族发展经济、改善民生，实现共同发展、共同富裕。八是必须构筑中华民族共有精神家园，使各民族人心归聚、精神相依，形成人心凝聚、团结奋进的强大精神纽带。九是必须促进各民族广泛交往交流交融，促进各民族在理想、信念、情感、文化上的团结统一，守望相助、手足情深。十是必须坚持依法治理民族事务，推进民族事务治理体系和治理能力现代化。十一是必须坚决维护国家主权、安全、发展利益，教育引导各民族继承和发扬爱国主义传统，自觉维护祖国统一、国家安全、社会稳定。十二是必须坚持党对民族工作的领导，提升解决民族问题、做好民族工作的能力和水平”。[27]

这一重要思想，既总结了中国历史上治理民族事务的智慧成果，又借鉴了世界范围内处理民族问题的经验教训；既保持了党的民族理论政策的稳定连贯，又根据民族工作形势任务的发展变化与时俱进；既是观察民族问题的认识论，又是做好民族工作的方法论。

这就正如《中共中央关于党的百年奋斗重大成就和历史经验的决议》指出的：党的十八大以来，“党坚持和完善民族区域自治制度，坚定不移走中国特色解决民族问题的正确道路，坚持把铸牢中华民族共同体意识作为党的民族工作主线，确立新时代党的治藏方略、治疆方略，巩固和发展平等团结互助和谐的社会主义民族关系，促进各民族共同团结奋斗、共同繁荣发展”。中华民族迎来了历史上最好的发展时期。

---

27 习近平：《论坚持人民当家作主》，中央文献出版社 2021 年版，第 326—327 页。

同时，我们也清醒地看到，当今世界正经历百年未有之大变局，中国正处于中华民族伟大复兴的关键时期，民族工作面临着新形势新任务，呈现出阶段性特征。例如，民族地区发展迈上新台阶，但发展不平衡不充分问题仍然相对突出；各民族人口大流动大融居趋势不断增强，如何顺应形势构建互嵌式社会结构仍需加强探索；中华民族共同体的思想基础不断巩固，但局部地区反分裂形势依然严峻，国际势力干扰破坏中国民族团结的风险不容小觑，实现边疆长久治安任务仍然十分艰巨。也就是说，新时代处理民族问题、做好民族工作的任务更重、要求更高。

2022 年 10 月，习近平总书记在党的二十大报告中明确提出："以铸牢中华民族共同体意识为主线，坚定不移走中国特色解决民族问题的正确道路，坚持和完善民族区域自治制度，加强和改进党的民族工作，全面推进民族团结进步事业。"[28] 这是对新时代新征程做好党的民族工作的部署要求，对于更好发挥中国社会主义政治制度优势、全面建设社会主义现代化国家、全面推进中华民族伟大复兴，具有十分重大的意义。

28 习近平：《高举中国特色社会主义伟大旗帜　为全面建设社会主义现代化国家而团结奋斗》，人民出版社 2022 年 10 月版，第 39—40 页。

第一章
民族区域自治制度的形成和发展

中国是一个幅员辽阔、统一的多民族国家。中华民族一体多元是先人们留给我们的丰厚遗产，也是中国发展的巨大优势。中国历史悠久，文化灿烂，五千多年文明发展史上，各民族共同开拓了中国的辽阔疆域、共同书写了悠久的中国历史、共同创造了灿烂的中华文化、共同培育了伟大的中华民族精神。

金句

一部中国史，就是一部各民族交融汇聚成多元一体中华民族的历史，就是各民族共同缔造、发展、巩固统一的伟大祖国的历史。[1]

一、中国探索实行民族区域自治制度的历程

马克思主义民族理论及苏俄等的有关实践，对中国共产党人探索解决民族问题，产生了重大影响。中国共产党成立初期，由于对中国的历史和现状特别是对中国各民族的情况缺乏足够的了解、掌握，因而，在解决国内民族问题的思路和政策，受共产国际尤其是苏俄模式的影响。一直到党的六届六中全会，中国共产党解决国内民族问题的

1 习近平：《论坚持人民当家作主》，中央文献出版社 2021 年版，第 284 页。

主张，包括民族自决、联邦制、民族自治，其中最基本的是在“民族自决”基础上建立多民族的“联邦共和制”。

这里，仅就中国共产党对解决民族问题政治形式进行的艰辛探索，作一点简要回顾。

中国共产党运用马克思主义民族理论，并结合当时中国革命的实际情况，既坚决反对国民党实行的民族压迫和民族歧视政策，坚持民族平等与民族团结的方针，主张实行彻底的、真正的民族平等；又积极探索解决民族问题的有效办法。

（一）主张民族区域自治

中国共产党十分非常重视苏俄的经验教训，一直在积极探索解决民族问题的办法，逐步认识到在中国不宜于像苏俄一样，通过建立联邦制国家的办法来解决民族问题。同时，根据中国民族历史的发展、

▲ 豫海县回民自治政府成立大会旧址。

经济的发展和革命的发展，提出了民族区域自治并付诸实践。比如，1936 年 5 月成立的陕甘宁豫海县回族自治政府，就是少数民族区域自治最早的实践之一。

抗日战争时期，中国共产党建立了抗日民主根据地，对之前的民族政策进行了调整，坚持实行民族平等，积极推行民族区域自治。1938 年 10 月，在党的六届六中全会上，毛泽东同志在《抗日民族战争与抗日民族统一战线发展的新阶段》的报告中明确提出："允许蒙、回、藏、苗、瑶、夷、番各民族与汉族有平等权利，在共同对日原则之下，有自己管理自己事务之权，同时与汉族联合建立统一的国家。"就是在建立统一国家的前提下，少数民族有建立民族自治区域的权利。进一步说，"各少数民族与汉族杂居的地方，当地政府须设置由当地少数民族的人员组成的委员会，作为省县政府的一部门，管理和他们有关事务，调节各族间的关系，在省县政府委员中应有他们的位置"。同时，特别强调尊重各少数民族的文化、宗教、习惯，"纠正存在着的大汉族主义，提倡汉人用平等态度和各族接触，使日益亲善密切起来，同时禁止任何对他们带侮辱性与轻视性的言语、文字与行动"。[2] 这就比较系统地阐述了民族区域自治制度的内容，中国共产党关于实行民族区域自治的重大政策主张，在实践和斗争中逐步明晰起来，标志着中国共产党民族区域自治思想的初步形成。

1941 年 5 月，中共陕甘宁边区中央局提出、中共中央政治局批准的《陕甘宁边区施政纲领》第十七条明确规定："依据民族平等原则，

2　中央党史和文献研究院、中央档案馆编：《建党以来重要文献选编（一九二一——一九四九）》第十五册，中央文献出版社 2011 年版，第 621 页。

实行蒙、回民族与汉族在政治、经济、文化上的平等权利，建立蒙、回民族的自治区，尊重蒙、回民族的宗教信仰与风俗习惯。”[3] 在这一政策的指导下，陕甘宁边区在 1941 年后建立了 5 个回民自治乡和 1 个蒙民自治区。这包括关中新正县一乡回民自治乡、九乡回民自治乡、定边县城关区新华街回民自治乡、陇东三岔回民自治乡、盐池县回六庄回民自治乡，城川蒙民自治区。在安徽定远县二龙乡也建立了回民自治乡。[4] 这是中国共产党在革命根据地实施民族区域自治制度的一次重要尝试。

1945 年 4 月 24 日，毛泽东同志在党的七大的政治报告中全面阐述中国共产党的政策，并在“具体纲领”中论述了“少数民族问题”，批评国民党否认中国有多民族存在的论调，重申了孙中山先生的民族政策。关键是，“多年以来，陕甘宁边区和华北各解放区对待蒙回两民族的态度是正确的，其工作是有成绩的”。[5]

延伸阅读　孙中山先生关于民族政策的主张

1924 年，孙中山先生在《中国国民党第一次全国代表大会宣言》里说：“国民党之民族主义，有两方面之意义：一则中国民族自求解放；二则中国境内各民族一律平等。”“国民党敢郑重宣言，承认中国以内各民族之自决权，于反对帝国主义及军阀之革命获得胜利以后，当组织自由统一的（各民族自由联合的）中华民国。”

3　中央档案馆编：《中共中央文件选集》第十一册（一九三九——一九四一），中共中央党校出版社 1986 年版，第 643 页。

4　见全国人大常委会秘书处秘书组、国家民委政法司编：《中国民族区域自治法律法规通典》，“前言”，中央民族大学出版社 2002 年版，第 2 页。

5　《毛泽东选集》第三卷，人民出版社 1991 年第 2 版，第 1084 页。

全面抗战胜利后，中国共产党继续实行民族平等政策，并明确提出在少数民族聚居区实行民族区域自治。1946 年 2 月 18 日，中共中央明确提出："根据和平建国纲领要求民族平等自治，但不应提出独立自决口号。"[6] 这是中国共产党第一次明确提出放弃民族独立自决的口号，表明已自觉地把民族区域自治作为解决民族问题的基本方式。1946 年 4 月 23 日，陕甘宁边区第三届参议会第一次大会通过的《陕甘宁边区宪法原则》规定："边区人民不分民族，一律平等"，"人民为行使政治上各项自由权利，应受到政府的诱导与物质帮助"。还规定："边区各少数民族，在居住集中地区，得划成民族区，组织民族自治政权，在不与省宪抵触原则下，得订立自治法规。"[7] 这就以立法形式确立了民族区域自治，为后来坚持和完善这一制度打下了基础。

从上述情况来看，当时提出的"民族区域自治"还比较原则和笼统，还不是很具体。但是，这一思想的提出，表明中国共产党关于解决民族问题的政策主张开始从"民族自决权""联邦制"向民族区域自治转变。正是在中国共产党民族方针政策的指导下，革命根据地和解放区中的少数民族聚居区，才先后建立起少数民族自治政权。

（二）建立首个省级民族自治地区

1936 年 8 月 24 日，中共中央专门就内蒙古工作发出指示，强调日本帝国主义占领内蒙，是打着内蒙"独立自治"的旗帜，深刻揭露

6 中共中央统战部编：《民族问题文献汇编》，中共中央党校出版社 1991 年版，第 1000 页。

7 王培英编：《中国宪法文献通编》（修订版），中国民主法制出版社 2007 年版，第 297，296 页。

奴役内蒙的政策是一个“恶毒的阴谋”。这是在全面抗战爆发前，内蒙绥远非常紧急的形势。

全面抗战胜利前夕，内蒙古的形势依然十分复杂，有王公贵族搞的“高度自治”，有国民党操纵的“地方自治”，有日本帝国主义扶植的“独立自治”。针对这一现状，中共中央决定加强对内蒙古自治运动的领导。特别是1945年2月雅尔塔会议痛失外蒙古之后，中国共产党深刻认识到，用联邦制解决民族问题存在着被大国操纵和利用，可能会导致国家分裂的巨大危险。

因此，在抗日战争胜利后，中国共产党关于解决国内民族问题的政策主张发生了重大转变。

1945年8月，中央决定由候补中央委员乌兰夫任绥蒙省政府主席，在晋察冀中央局领导下，负责在内蒙古地区开展工作。1945年10月23日，中央书记处发出《中共中央关于内蒙工作方针给晋察冀中央局的指示》提出：“对内蒙的基本方针，在目前是实行区域自治。”[8]根据这一指示精神，乌兰夫等人团结当地各族人民，经过艰苦斗争和扎实工作，1947年4月23日内蒙古人民代表会议在兴安盟王爷庙（今乌兰浩特市）开幕，乌兰夫致大会开幕词；4月24日作政治报告。4月27日，会议向毛泽东主席、朱德总司令发出致敬电，充分表达了内蒙古各族人民对中国共产党的无比信任和衷心拥护。

会议讨论通过了乌兰夫代表内蒙古自治运动联合会所作政治报告和《内蒙古自治政府施政纲领》《内蒙古自治政府暂行组织大纲》《内

8　中央档案馆编：《中共中央文件选集》第十三册（一九四五——一九四七），中共中央党校出版社1987年版，第184页。

蒙古人民代表会议宣言》。《内蒙古人民代表会议宣言》郑重宣告："内蒙古自治政府是内蒙民族各阶层联合内蒙古区域内各民族，实行高度区域性自治的地方民主联合政府，并非独立自治政府。"[9]

会议选举产生了内蒙古第一届临时参议会；乌兰夫被选为内蒙古自治政府主席。5月1日，内蒙古人民代表会议庄严宣告：内蒙古自治政府成立。5月19日，毛泽东、朱德电贺内蒙古人民代表会议，指出："曾经饱受困难的内蒙同胞在你们领导下，正在开始创造自由光明的新历史。我们相信，蒙古民族与汉族和国内其他民族亲密团结，为着扫除民族压迫与封建压迫，建设新蒙古与新中国而奋斗，庆祝你们的胜利！"

延伸阅读　建立第一个省级民族自治地区：内蒙古自治政府

1947年4月23日至5月1日召开内蒙古人民代表会议。乌兰夫致大会开幕词。他指出，这次会议是在自治运动不断发展的基础上召开的一次盛会；即将由这次会议产生的内蒙古自治政府，将团结内蒙古的蒙古族和其他民族投入解放战争，并为建设和平、民主、自由、幸福的内蒙古而奋斗。《内蒙古人民代表会议宣言》指出，此次大会决定成立内蒙古自治政府；自治政府是实行高度自治的区域性地方民主联合政府，将团结内蒙古各民族和中国境内各民族，争取内蒙古的彻底解放及中国各民族的共同解放；自治政府将保障人民群众的人身、思想、宗教信仰、言论、出版、集会、结社、居住、迁移等自由权益。1947年5月3日，内蒙古自治政府召开第一次政

9　转引自《乌兰夫传》编写组：《乌兰夫传》（1906—1988），中央文献出版社2007年版，第159页。

府委员会议，决定5月1日为内蒙古自治政府成立纪念日，原内蒙古自治运动联合会会旗作为内蒙古自治政府旗，内蒙古自治政府所在地暂设兴安盟王爷庙（当年11月28日，内蒙古自治政府决定，从12月1日起将王爷庙改为乌兰浩特市，蒙古语意为“红色的城”）。

内蒙古自治区的成立，具有里程碑意义，具有重要的示范作用，产生了极为深远的影响。这是中国共产党领导内蒙古区域自治运动所取得的重要成果，是新中国成立前在中华大地上创建的第一个省级边疆少数民族自治区。这充分表明，中国民族区域自治不仅是一种理论和政策主张，而且在事实上成为一种制度和实践。

二、民族区域自治制度的正式确立

1949年，中华人民共和国的成立，标志着民族压迫制度的结束和民族平等新阶段的开始。相应地，民族区域自治制度也进入了新的发展阶段。中国共产党和国家继续强调实行民族团结和民族平等的方针，特别是根据中国的历史情况、民族关系、民族分布、文化特点等具体情况，确定了在少数民族聚居区实行民族区域自治。实行民族区域自治，作为国家的一项重要制度，先后载入了1949年《中国人民政治协商会议共同纲领》和1954年《中华人民共和国宪法》。

（一）认真研究和慎重选择

新中国成立前夜，发生了一连串的事情。这就是：1949年7月，在国外敌对势力的支持下，西藏上层分裂势力制造了轰动国际社会的“驱汉事件”，公然喊出“西藏独立”；新疆南部民族分裂分子武装挑衅并叫嚣“东突厥斯坦共和国”；美国政府抛出所谓“台湾地位未定”

论调，妄图把台湾从中国分离出去，交由联合国“托管”。

这是一个重大考验！

这时，毛泽东同志、中共中央对采取什么样的国家结构形式作了进一步认真研究。1949年人民政协筹备期间，毛泽东同志就是否实行联邦制的问题征求了李维汉同志的意见。李维汉同志在研究之后，认为中国同苏联国情不同，不宜实行联邦制。主要理由是以下两点：

一是苏联少数民族约占全国总人口的47%，与俄罗斯民族相差不远。中国少数民族只占全国总人口的6%，并且呈现出大分散小聚居的状态，汉族和少数民族之间以及几个少数民族之间往往相互杂居或交错聚居。

二是苏联实行联邦制是由当时的形势决定的。俄国经过二月革命和十月革命，许多民族实际上已经分离成为不同国家，不得不采取联邦制把按照苏维埃形式组成的各个国家联合起来，作为走向完全统一的过渡形式。中国则是各民族在中国共产党领导下由平等联合进行革命，到平等联合建立统一的人民共和国，并没有经过民族分离。因此，单一制的国家结构形式，更加符合中国的实际，在统一的国家内实行民族区域自治，更有利于民族平等原则的实现。中央采纳了这个意见。[10]

延伸阅读　主张实行民族区域自治

1949年9月7日，周恩来同志代表中共中央在向参加政协会议的代表们作关于筹备工作情况的报告时提出：“我们主张民族自治，今天帝国主义者又想分裂我们的西藏、台湾甚至新疆，在这种情况下，

10 见江平：《前言》，载中共中央统战部编：《民族问题文献汇编》，中共中央党校出版社1991年版，第10页。

我们希望各民族不要听帝国主义者的挑拨。为了这一点，我们国家的名称，叫中华人民共和国，而不叫联邦。……我们虽然不是联邦，但却主张民族区域自治，行使民族自治的权力。”[11]

（二）《共同纲领》关于民族问题的基本规定

1949 年 9 月 29 日，中国人民政治协商会议第一届全体会议通过了起临时宪法作用的《中国人民政治协商会议共同纲领》（简称《共同纲领》），以法律的形式确认了党的民族政策，成为新中国成立初期民族立法的基础。《共同纲领》在“总纲”中宣布：“中华人民共和国境内各民族，均有平等的权利和义务。”在第六章“民族政策”中进一步宣示：“中华人民共和国境内各民族一律平等，实行团结互助。”

《共同纲领》第五十一条明确规定：“各少数民族聚居的地区，应实行民族的区域自治，按照民族聚居的人口多少和区域大小，分别建立各种民族自治机关。凡各民族杂居的地方及民族自治区内，各民族在当地政权机关中均应有相当名额的代表。”《共同纲领》还规定各少数民族有组织地方人民公安部队的权利、有发展其语言文字、保持或改革其风俗习惯及宗教信仰的自由；人民政府应帮助各少数民族的人民大众发展其政治、经济、文化、教育的建设事业。

延伸阅读　新民主主义民族政策的基本精神

新民主主义民族政策的基本精神是“使中华人民共和国成为各

---

11 周恩来：《关于人民政协的几个问题》（载《周恩来统一战线文选》，人民出版社 1984 年版，第 140 页。）

民族友爱合作的大家庭，必须反对各民族的内部的公敌和外部的帝国主义。而在各民族的大家庭中，又必须经常反对大民族主义和狭隘民族主义的倾向。”[12]

总之，《共同纲领》明确规定“中华人民共和国境内各民族，均有平等的权利和义务”，把民族平等作为新中国立国的根本原则之一，并将民族区域自治制度正式确立下来，并在全国范围内推行开来。

延伸阅读　新中国成立初期有关民族事务的法律法规

新中国成立初期，中央陆续颁布了一些涉民族事务的法律法规，主要有：《培养少数民族干部实行方案》（1950 年），《关于处理带有歧视或侮辱少数民族性质的称谓、地名、碑碣、匾联的指示》（1951 年），《关于地方民族民主联合政府实施办法的决定》（1952 年），《关于保障一切散居的少数民族成分享有民族平等权利的决定》（1952 年），《民族区域自治实施纲要》（1952 年），《选举法》（1953 年，其中有关于少数民族的规定），《关于建立民族乡的若干问题的指示》（1955 年）等。

根据《共同纲领》的规定，中国共产党和国家就把推行民族区域自治，作为一项主要任务来抓。一是，新中国成立初期，形势发生了根本的变化。适应这一状况，中共中央对少数民族“自决权”问题作了深刻分析，指出“关于各少数民族的‘自决权’问题，今天不应再去强调，过去在内战时期，中国共产党为了争取少数民族，以反对国民党的反动统治（它对各少数民族特别表现为大汉族主义）曾强调过

12 周恩来：《人民政协共同纲领的特点》（载《周恩来选集》上卷，人民出版社 1980 年版，第 370—371 页。）

这一口号，这在当时是完全正确的。但今天的情况，已有了根本的变化，国民党的反动统治基本上已被打倒，中国共产党领导的新中国业经诞生，为了完成我们国家的统一大业，为了反对帝国主义及其走狗分裂中国民族团结的阴谋，在国内民族问题上，就不应再强调这一口号，以免为帝国主义及国内各少数民族中的反动分子所利用，而使我们陷于被动的地位”。[13] 明确要求关于党的民族政策的“申述”，应以《共同纲领》中的有关规定为根据，强调中华民族的友爱合作和互助团结。二是，1950 年 7 月，邓小平同志在《关于西南少数民族问题》的讲话中提出了明确要求。1950 年 11 月，西康藏族自治区成立，这是新中国最早成立的相当于省辖市一级的民族自治地方。之后，西北、西南、中南也开始推行民族区域自治，相继建立了一些自治地方。

延伸阅读　新中国成立前后，毛泽东同志对西藏工作的一系列重要指示

毛泽东同志和党中央高度重视西藏问题，强调“必须认识藏族问题的极端严重性，必须应付恰当，不能和处理寻常关系一例看待。”[14] 毛泽东同志从战略上宏观把握西藏走势、对西藏实际工作慎之又慎，提出基本方针策略。

第一，提出“慎重稳进”的方针。

1949 年 8 月 6 日，毛泽东同志明确提出“兼取政治方式解决西北问题”，以为战斗方式的辅助，指出“班禅现到兰州，你们攻兰州时

---

13 《建国以来重要文献选编》第一册，中央文献出版社 1992 年版，第 24 页。

14 《毛泽东年谱（一九四九——一九七六）》第一卷，中央文献出版社 2013 年版，第 535 页。

请十分注意保护并尊重班禅及甘青境内的西藏人，以为解决西藏问题的准备。”[15] 1950年6月6日，毛泽东同志在中共七届三中全会上的讲话中，指出“团结少数民族很重要。全国少数民族大约有三千万人。少数民族地区的社会改革，是一件重大的事情，必须谨慎对待。我们无论如何不能急躁，急了会出毛病。条件不成熟，不能进行改革。一个条件成熟了，其他条件不成熟，也不要进行重大的改革。”强调这并不是说不要改革。按照《共同纲领》的规定，少数民族地区的风俗习惯是可以改革的，但是，这种改革必须由少数民族自己来解决。[16]

1952年4月，毛泽东同志在有关西藏问题的三份电报中进一步作出重要指示。在西藏，“我们在政治上必须采取极端谨慎的态度，稳步前进，以待公路修通、生产自给并对藏民物质利益有所改善之后，方能谈得上某些较大的改革。”[17]“目前不要改编藏军，也不要在形式上成立军分区，也不要成立军政委员会。暂时一切仍旧，拖下去，以待一年或两年后我军确能生产自给并获得群众拥护的时候，再谈这些问题。”[18] 1952年10月8日，毛泽东同志在接见西藏致敬团代表时，进一步阐明了党对这些民族地区社会改革的政策。“少数民

15《毛泽东文集》第五卷，人民出版社1996年版，第320页。

16《毛泽东文集》第六卷，人民出版社1999年版，第75页。

17《毛泽东年谱（一九四九——一九七六）》第一卷，中央文献出版社2013年版，第529页。

18《毛泽东年谱（一九四九——一九七六）》第一卷，中央文献出版社2013年版，第533页。10月8日，他再次强调：“成立军政委员会和改编藏军是协议上规定了的，因为你们害怕，我通知在西藏工作的同志，要他们慢点执行。协议是要执行的，但你们害怕，只好慢点执行。今年害怕，就待明年执行；如果明年还害怕，就等后年执行。”见《毛泽东年谱（一九四九——一九七六）》第一卷，中央文献出版社2013年版，第611页。

族地区分不分土地，由少数民族自己决定。西藏地区现在谈不上分地，将来分不分，由你们自己决定，并且由你们自己去分，我们不代你们分。”[19]历史已经证明，这是多么英明的决策！

第二，抓好民族和宗教两件大事。

《十七条协议》签订的1951年5月23日下午，毛泽东同志听取签字情况的汇报，语重心长地叮嘱18军军长张国华：“你们在西藏考虑任何问题，首先要想到民族和宗教问题这两件事，一切工作必须慎重稳进。”[20]三天后，他在修改人民日报社论稿《拥护关于和平解放西藏办法的协议》时，不仅加写两段文字，还修改了一段文字：“一切进入西藏地区的部队人员和地方工作人员必须恪守民族政策和宗教政策，必须恪守和平解放西藏办法的协议，必须严守纪律，必须实行公平的即完全按照等价交换原则去进行的贸易，必须防止和纠正大民族主义倾向，而以自己的衷心尊重西藏民族和为西藏人民服务的实践，来消除这个历史上留下来的很大的民族隔阂，取得西藏地方政府和西藏人民的衷心信任。”[21]这里提出“五个必须”，强调严格民族政策和宗教政策。

1952年10月8日，毛泽东同志重申中国共产党对宗教采取保护政策，“信教的和不信教的，信这种教的或信别种教的，一律加以保护，

19 《毛泽东年谱（一九四九——一九七六）》第一卷，中央文献出版社2013年版，第611页。

20 《毛泽东年谱（一九四九——一九七六）》第一卷，中央文献出版社2013年版，第346页。

21 《毛泽东年谱（一九四九——一九七六）》第一卷，中央文献出版社2013年版，第350页。

尊重其信仰。今天对宗教采取保护政策，将来也仍然采取保护政策”。[22] 正是因为进藏部队坚决贯彻执行毛主席、党中央的民族政策和宗教政策，深得藏族人民的真心拥戴，称之为“金珠玛米（菩萨兵）”。

在“慎重稳进”方针指引下，重点团结西藏民族、宗教和上层爱国人士，严格执行解放军纪律，积极争取群众支持，真诚地改善贫苦农牧民的生活，以实际行动消除历史上反动统治阶层造成的民族隔阂。这样，进藏解放军和干部就从根本上赢得了西藏群众尤其是广大农奴的心，赢得了西藏和平解放，赢得了1959年平叛斗争，赢得了民主改革的伟大胜利。

（三）《民族区域自治实施纲要》等法律文件颁布实施

根据《共同纲领》，又陆续颁布了一些文件，进一步对民族区域自治问题作出规定。

延伸阅读　《民族区域自治实施纲要》颁布施行

1952年2月22日，政务院第125次政务会议通过《中华人民共和国民族区域自治实施纲要》（简称《民族区域自治实施纲要》）和《政务院关于地方民族民主联合政府实施办法的决定》。《民族区域自治实施纲要》是根据当年2月中央政治局扩大会议的决议，在总结全国各少数民族地区开始民族工作经验的基础上通过的。8月8日，中央人民政府委员会第18次会议批准《民族区域自治实施纲要》，8月9日公布施行。它包括：“总则”“自治区”“自治机关”“自治

22 《毛泽东年谱（一九四九——一九七六）》第一卷，中央文献出版社2013年版，第611页。

权利”“自治区内的民族关系”“上级人民政府的领导原则”和“附则”，共7章、40条。

第一，关于《民族区域自治实施纲要》

什么是民族区域自治呢？该实施纲要第二条规定：“各民族自治区统为中华人民共和国领土的不可分离的一部分。各民族自治区的自治机关统为中央人民政府统一领导下的一级地方政权，并受上级人民政府的领导。”乌兰夫同志在关于该纲要的报告中专门就什么是民族的区域自治作了解释。他说：“民族的区域自治是中华人民共和国领土之内的、在中央人民政府统一领导下的、遵循着中国人民政治协商会议共同纲领总道路前进的、以少数民族聚居区为基础的区域自治。”[23]

根据第四条的规定：各少数民族聚居的地区，依据当地民族关系，经济发展条件，并参酌历史情况，得分别建立下列各种自治区：（1）以一个少数民族聚居区为基础而建立的自治区。（2）以一个大的少数民族聚居区为基础，并包括个别人口很少的其他少数民族聚居区所建立的自治区。包括在此种自治区内的各个人口很少的其他少数民族聚居区，均应实行区域自治。（3）以两个或多个少数民族聚居区为基础联合建立的自治区。此种自治区内各少数民族聚居区是否需要单独建立民族自治区，应视具体情况及有关民族的志愿而决定。

在“自治权利”一章中，详细规定了自治区的自治权利，涉及政治、经济、文化和生活各方面，具体包括民族语言文字的使用、民族干部

23 转引自全国人大常委会秘书处秘书组、国家民委政法司编：《中国民族区域自治法律法规通典》，中央民族大学出版社2002年版，第94页。

的培养、本自治区财政的管理、本自治区的地方经济事业的自由发展、各民族的文化、教育、艺术和卫生事业的发展、公安部队和民兵的组织、本自治区单行法规的制定等。该实施纲要对民族区域自治制度的全面推行，发挥了积极作用。至 1953 年 3 月，全国已建立相当于县级及县级以上的民族自治地方 47 个。

延伸阅读　《民族区域自治实施纲要》将民族自治地方统称为自治区

《民族区域自治实施纲要》第四条规定，各少数民族聚居的地区，依据当地民族关系，经济发展条件，并参酌历史情况，得分别建立各种自治区。第七条规定："各民族自治区的行政地位，即相当于乡（村）、区、县、专区或专区以上的行政地位，依其人口多少及区域大小等条件区分之。"

中央人民政府根据《共同纲领》和《民族区域自治实施纲要》的规定，在全国范围内积极推行民族区域自治，陆续建立了一批自治州、自治县（旗）以及民族乡（镇），形成了三级地方自治的体系。民族区域自治制度的推行，加强了民族团结，激发了各少数民族人民的爱国积极性，推动了民族地区各项工作的开展，从社会生活的各个方面逐步改变着少数民族的面貌。

第二，《政务院关于地方民族民主联合政府实施办法的决定》

其中规定在民族杂居地区，即汉人占多数，少数民族人口占境内总人口 10% 以上的省（行署）、市、专区、县、区和乡（村），或少数民族人口虽未达到境内总人口的 10%，但民族关系显著，对行政发生多方面的影响者，都可建立民族民主联合政府。这有利于保障杂散居少数民族平等权利。

另外，1952 年 2 月政务院发布的《关于保障一切散居的少数民族成分享有民族平等权利的决定》中规定：“一切散居的少数民族成分的人民，均与当地汉族人民同样享有思想、言论、集会、结社、通讯、人身、居住、宗教信仰、游行示威的自由权，任何人不得加以干涉。”

（四）1954 年《宪法》对民族问题的基本规定

1954 年 9 月 20 日，一届全国人大一次会议通过的《中华人民共和国宪法》（简称 1954 年《宪法》），以国家根本大法的形式进一步全面完整规定了民族区域自治制度。其中，第三条规定：“各少数民族聚居的地方实行区域自治。各民族自治地方都是中华人民共和国不可分离的部分。”并且，该宪法第二章第五节，对民族自治地方的自治机关作了较为详尽的规定，把自治机关确定为自治区、自治州和自治县三级，并以民族乡为重要补充形式，这比起《民族区域自治实施纲要》笼统规定“自治区”来，就更为科学合理。同时，又重申了《民族区域自治实施纲要》所规定的“自治权利”，使其具有了宪法地位，具有了根本大法的保障。

实践中，中国开始在少数民族聚居的地方全面推行民族区域自治。1955 年 10 月，新疆维吾尔自治区成立；1958 年 3 月，广西壮族自治区成立；1958 年 10 月，宁夏回族自治区成立；1965 年 9 月，西藏自治区成立。伴随着西藏自治区的正式成立，就在全国范围内结束了少数民族政治上的无权地位，全部实现了民族区域自治。这样，中国就先后建立起 5 个自治区，并延续至今。

▲ 图片来自龙慧蕊《广西壮族自治区的成立》2019 年 5 月 7 日。

延伸阅读　广西壮族自治区的成立

广西建立省一级壮族自治区。壮族是中国少数民族中人口最多的一个民族，主要聚居在广西。1952 年 12 月，广西省辖的桂西僮族自治区成立，1956 年 3 月，国务院决定将桂西僮族自治区改为桂西僮族自治州。1956 年中共八大召开之际，周恩来召集与会的陈漫远、韦国清、覃应机等广西领导谈话，分析了党中央的民族政策，并提出了广西实施民族自治的具体措施。

中共中央根据广西的实际情况及党的民族区域自治政策，于 1956 年 10 月倡议广西建立省一级的壮族自治区。1958 年 3 月 5 日，国务院决定成立广西僮族自治区，撤销广西省建制。1965 年，周恩来总理指出，“僮族”的“僮”是旧社会统治阶级对少数民族的歧视，“僮”含有“仆人”的意思。现在全国解放了，少数民族与汉族都是国家的主人，应该改变过去的错误看法。周总理建议将“僮族”改为“壮族”，“壮”有健壮、茁壮、充满活力的意思，希望壮族兄弟身体健壮，壮族自治区发展蓬勃向上。当年 10 月 12 日，在党和国家第一代领导集体的殷切期望中，广西僮族自治区正式改称“广西壮族自治区”。[24]

新中国成立以后，中国共产党和国家除了制定大量的法律、政策和措施以外，在促进民族平等和民族团结方面还做了大量工作。主要有：一是开展批判大汉族主义、进行民族团结的教育。1953 年 3 月，毛泽东同志在起草的《中共中央关于批判大汉族主义思想的指示》中提出：“必须深刻批评中国共产党内在很多党员和干部中存在着的严重的大汉族主义思想。”[25]在党内和人民中进行马克思主义关于民族问题的教育。二是引导进行社会改革。三是帮助少数民族地区发展经济和文化。四是大力培养少数民族干部。五是开展民族政策执行情况的大检查。第一次是在 1952 年底至 1953 年上半年，第二次是在 1956 年中至 1957 年 8 月，在各级共产党组织和各级政府的广大干部及人民中，进行了民族政策的大检查，有力地推动了党和国家民族政策的贯彻实施，极大地促进了民族团结。

---

24 摘编自龙慧蕊：《广西壮族自治区的成立》（ 2019-05-07，https://www.56-china.com.cn/show-case-1984.html，访问日期：2022 年 7 月 1 日）、《广西壮族自治区是如何成立的》（《中国民族报》2018 年 12 月 12 日）

25 《毛泽东文集》第六卷，人民出版社 1999 年版，第 269 页。

金句

苏联的少数民族人口，占全国人口的一半，他们实行加盟共和国、自治共和国的办法。我们这里少数民族人口占百分之六，实行民族区域自治的办法。有些人想援引苏联的办法，在中国成立加盟共和国或自治共和国，这是不对的。[26]

三、民族区域自治制度的全面恢复与重新确立

在十年动乱期间，中国民族区域自治制度遭到严重破坏，少数民族中的许多干部和群众受到伤害。1978 年 12 月，党的十一届三中全会后，中国民族工作进入了新的发展时期。1981 年 4 月，党的十一届六中全会通过的《关于建国以来党的若干历史问题的决议》重申：改善和发展社会主义的民族关系，加强民族团结；必须坚持实行民族区域自治。1981 年 8 月，邓小平在新疆考察时指出："要把中国实行的民族区域自治制度用法律形式规定下来，要从法律上解决这个问题，要有民族区域自治法。"[27]

1982 年《宪法》不仅重新确立了中国的民族方针政策，而且在深刻总结中国实行民族区域自治制度以来经验教训的基础上，全面恢复了 1954 年《宪法》有关该制度的原则和主要内容，并根据国家情况的变化增加新的内容，对民族区域自治制度进行了新的、更为完善的规定。

---

26 毛泽东同志在读苏联政治经济学教科书时的批语（见《毛泽东年谱（1949—1976）》第四卷，中央文献出版社 2013 年版，第 268 页）。

27 中央党史和文献研究院、中共新疆维吾尔自治区委员会编：《新疆工作文献选编》，中央文献出版社 2010 年版，第 252 页。

在此基础上，六届全国人大二次会议于 1984 年 5 月 31 日审议通过《民族区域自治法》，这是中国第一部关于民族区域自治的专门法律。这部法律全面总结了中国实行民族区域自治制度 30 多年的经验和教训，使 1982 年《宪法》关于民族区域自治的基本原则得到了具体体现，使得维护和发展中国社会主义民族关系进一步法律化、制度化。2001 年 2 月 28 日，九届全国人大常委会第二十次会议对《民族区域自治法》作了修改，进一步完善了民族区域自治制度规定。

进入新时代，中国特色社会主义民族法律法规体系不断完善，坚持在法治轨道上治理民族事务，依法保障各族群众合法权益。

第二章
《宪法》和《民族区域自治法》

民族区域自治制度作为中国的一项基本政治制度，不仅体现在现行《宪法》和《民族区域自治法》之中，也体现在《地方组织法》等法律中。

金句

把宪法和民族区域自治法的规定落实好，关键是帮助民族自治地方发展经济、改善民生。[1]

一、《宪法》关于民族区域自治的基本原则和规定

1982年《宪法》序言、总纲第四条和第三章国家机构第六节民族自治地方的自治机关等作了明确规定，不仅重新确立了中国的民族方针政策，而且全面恢复1954年《宪法》有关该制度的原则和主要内容，同时还根据国家情况的变化增加新的内容，对民族区域自治制度作了新的规定，进一步完善了民族区域自治制度，体现了国家充分尊重和保障各少数民族管理本民族内部事务的民主权利的精神。

---

1 习近平：《论坚持人民当家作主》，中央文献出版社2021年版，第106页。

（一）明确“各民族平等、团结和共同繁荣”的基本原则

中国共产党一贯主张，国内各民族不分大小一律平等，实行民族平等、民族团结和各民族共同繁荣的政策。到 1982 年，新中国成立 30 多年的历史表明，中国已经实现的国家统一和民族团结，对于我们社会主义事业的发展，对于整个中华民族的兴旺发达，具有十分重大的意义。

1982 年《宪法》“序言”，首先就确认了“中华人民共和国是全国各族人民共同缔造的统一的多民族国家”，在此基础上，进一步规定：“平等、团结、互助的社会主义民族关系已经确立，并将继续加强。”“国家尽一切努力，促进全国各民族的共同繁荣。”第四条第一款规定：“中华人民共和国各民族一律平等。国家保障各少数民族的合法的权利和利益，维护和发展各民族的平等、团结、互助关系。”正如彭真同志在关于宪法修改草案的报告中所指出的：“实现各民族平等、团结和共同繁荣，是中国共产党和我们国家奉行的基本原则。”[2]

金句

国家的统一，人民的团结，国内各民族的团结，这是我们的事业必定要胜利的基本保证。[3]

要实现各民族平等、团结和共同繁荣的目标，就必须反对大民族主义，因为它是损害民族团结的。《宪法》在“序言”中强调：“在维护民族团结的斗争中，要反对大民族主义，主要是大汉族主义，也

2 彭真：《论新时期的社会主义民主与法制建设》，中央文献出版社 1989 年版，第 166 页。

3《毛泽东文集》第七卷，人民出版社 1999 年版，第 204 页。

要反对地方民族主义。”第四条规定：“禁止对任何民族的歧视和压迫，禁止破坏民族团结和制造民族分裂的行为。”第五十二条还规定：“中华人民共和国公民有维护国家统一和全国各民族团结的义务。”当然，反对大民族主义和地方民族主义，都需要注意方式方法，划清思想认识问题与叛乱分裂活动的界限。彭真同志指出：“如同大民族主义一样，地方民族主义也是思想认识范围的问题，除了勾结外国势力进行叛乱和分裂活动的以外，都属于人民内部矛盾。反对大民族主义和地方民族主义应当正确地进行，主要靠思想教育和各项必要的政治、经济、文化措施。”[4]

延伸阅读　如何对“反对两种民族主义”问题作出规定

针对宪法和民族区域自治法是否写、怎样写“反对两种民族主义”的问题，乌兰夫同志曾专门写信给彭真同志。

1954年《宪法》只简单地写“反对大民族主义和地方民族主义”，但在“文革”等运动中，很多少数民族干部被扣上“地方民族主义”的大帽子被批斗，这说明实际上主要强调了“反地方民族主义”，而且把一些民族感情和不同意见当做“地方民族主义”来反了。乌兰夫向彭真反映了少数民族干部们的这一观点。他同时认为，过去毛主席提反对两种民族主义，其实强调的主要是“反对大汉族主义”。

“两种民族主义都不符合马列主义，都应反对，这次要写，就按毛主席的提法，强调反对大汉族主义”。乌兰夫同志的意见被采纳。1982年《宪法》和《民族区域自治法》中都明确写着：“在维护民族

4　彭真：《论新时期的社会主义民主与法制建设》，中央文献出版社1989年版，第167页。

团结的斗争中，要反对大民族主义，主要是大汉族主义，也要反对地方民族主义。”[5]

总之，1982年《宪法》明确“各民族平等、团结和共同繁荣”的基本原则，强调必须反对大民族主义，主要是大汉族主义，也要反对地方民族主义。

（二）2018年《宪法修正案》充实民族关系的内容

2018年3月，十三届全国人大一次会议通过的《宪法修正案》对此有两处修改。

第一，将宪法序言第十一自然段中“平等、团结、互助的社会主义民族关系已经确立，并将继续完善。”修改为：“平等团结互助和谐的社会主义民族关系已经确立，并将继续完善。”

第二，将第四条第一款中“国家保障各少数民族的合法的权利和利益，维护和发展各民族的平等、团结、互助关系。”修改为：“国家保障各少数民族的合法的权利和利益，维护和发展各民族的平等团结互助和谐关系。”

上述两处修改中，就是增加了“和谐”。作这样的修改，在宪法上作出这样明确的规定，有利于铸牢中华民族共同体意识，加强各民族交往交流交融，促进各民族和睦相处、和衷共济、和谐发展。

5　摘自郑赫南:《既各得其所，又和衷共济——回忆乌兰夫对民族区域自治法的贡献》，载《检察日报》2009年8月27日。

延伸阅读 “铸牢中华民族共同体意识”的提出

2014年5月28日，习近平总书记在第二次中央新疆工作座谈会上首次提出，在各民族中牢固树立国家意识、公民意识、中华民族共同体意识。同年9月，习近平总书记在中央民族工作会议暨国务院第六次全国民族团结进步表彰大会上首次系统阐述了中华民族共同体意识，指出“加强中华民族大团结，长远和根本的是增强文化认同，建设各民族共有精神家园，积极培养中华民族共同体意识”，强调“坚持打牢中华民族共同体的思想基础”是中国特色解决民族问题正确道路的重要内涵。2017年10月，党的十九大报告提出“铸牢中华民族共同体意识”，并写入党章。2018年3月，十三届全国人大一次会议通过《宪法修正案》，增加“中华民族伟大复兴”等内容。2019年9月，习近平总书记在全国民族团结进步表彰大会上强调，“要以铸牢中华民族共同体意识为主线，把民族团结进步事业作为基础性事业抓紧抓好”。2021年8月，习近平总书记在中央民族工作会议上的重要讲话中指出：“铸牢中华民族共同体意识，就是要引导各族人民牢固树立休戚与共、荣辱与共、生死与共、命运与共的共同体理念。”[6]

（三）进一步明确了民族区域自治制度

1982年《宪法》关于民族区域自治制度的规定，有以下特点：从条文数来看，加重了分量；从内容上说，确立了原则并增加了一些新规定，即第三章“国家机构”第六节“民族自治地方的自治机关”，增加了一些关于民族区域自治制度的规定。

---

6 《习近平谈治国理政》第四卷，外文出版社2022年版，第245页。

第一，加重了分量。从条文数来看，1954 年《宪法》关于民族区域自治的条文是6条，1982年《宪法》则增加到11条，增加了将近1倍。

第二，确立了原则。1982 年《宪法》第四条规定：“各少数民族聚居的地方实行区域自治，设立自治机关，行使自治权。各民族自治地方都是中华人民共和国不可分离的部分。”

第三，增加了一些新规定。1982 年《宪法》第三章“国家机构”的第六节“民族自治地方的自治机关”增加了一些关于民族区域自治制度的规定。主要包括：一是民族自治地方的人大常委会应当有实行区域自治的民族的公民担任主任或者副主任。二是自治区主席、自治州州长、自治县县长由实行区域自治的民族的公民担任。三是自治机关在国家计划的指导下，自主地安排和管理地方性的经济建设事业。四是自治机关自主地管理本地方的教育、科学、文化、卫生、体育事业。五是国家在民族自治地方开发资源、建设企业的时候，应当照顾民族自治地方的利益。六是国家从财政、物资、技术等方面帮助各少数民族加速发展经济建设和文化建设事业，国家帮助民族自治地方从当地民族中大量培养各级干部、各种专业人才和技术工人。

现行《宪法》的上述规定，为新时期民族区域自治制度提供了宪法依据和根本法治基础。

知识链接　现行《宪法》关于民族自治权的基本规定

现行宪法第三章“国家机构”第六节“民族自治地方的自治机关”中规定：民族自治地方的人大常委会中应当有实行区域自治的民族的公民担任主任或者副主任；自治区主席、自治州州长、自治县县长由实行区域自治的民族的公民担任；自治机关在国家计划的指导下，自主地安排和管理地方性的经济建设事业；自治机关自主地管理本地方的教育、科学、文化、卫生、体育事业；国家在民族自治地方开发资源、建设企业的时候，应当照顾民族自治地方的利益；国家从财政、物资、技术等方面帮助各少数民族加速发展经济建设和文化建设事业，国家帮助民族自治地方从当地民族中大量培养各级干部、各种专业人才和技术工人。

二、《民族区域自治法》的主要规定

1984 年 5 月 31 日，六届全国人大二次会议通过《中华人民共和国民族区域自治法》（简称《民族区域自治法》）。全国人大常委会副委员长、全国人大民族委员会主任委员阿沛·阿旺晋美在《关于〈中华人民共和国民族区域自治法（草案）〉的说明》中指出：这是根据宪法关于民族区域自治的基本原则和规定，具体保障这个制度胜利实施的基本法律。

（一）《民族区域自治法》的制定和修改完善

1954 年，一届全国人大一次会议之后，便明确了全国人大民委一个大任务：根据《宪法》起草民族区域自治的有关法律。当时确有这一立法需求。1952 年的《民族区域自治实施纲要》已经不能充分满足民族自治地区的经济、文化等方面的需要，而 1954 年《宪法》对民族区域自治只是作出了原则性规定，还需要法律进一步细化。实践中，还存在一些问题，比如，当时从自治区、自治州到自治县、乡，都统称为“xx 自治区”，都是一级政府，“爷爷孙子一样大”。

1980年，叶剑英同志在五届全国人大三次会议上提出，“要加强民族立法”。1981年8月，邓小平同志在新疆视察工作时指出：“中国和苏联不同，我们不能搞共和国，我们是自治区。法律上要解决这个问题，要有民族区域自治法。”[7]1981年，党中央批准设立了由全国人大常委会副委员长乌兰夫主持的民族区域自治法起草小组。

说到《民族区域自治法》这部法律，我们一定要说说乌兰夫同志的故事。1981年7月，他撰文称赞民族区域自治制度的优越性，它“使祖国所有民族既各得其所，又和衷共济”。

故事 民族区域自治法的制定过程

两度起草：30年25稿

1957年，全国人大民委会议审议后形成了一个正式草稿，下发到了全国各省市自治区和各民族自治地方征求意见。“这是第八稿，名称是《自治要点》；可惜反右斗争让立法被迫停滞……”这种停滞，直至“文革”结束。

1980年，彭真同志提出，全国人大对《宪法》民族部分的修改和《民族区域自治法》的起草工作，一并由乌兰夫同志主持。

同年夏天，来自全国人大民委、国家民委、中央统战部的起草小组成员们又捡起了23年前没有干完的工作，在避暑胜地北戴河，在乌兰夫的直接领导下，起草小组成员开始起草这部法律。当时，彭真同志带领宪法修改起草小组也在北戴河，他派他的秘书许孔让参加了大部分讨论，每天回去向他汇报。在此基础上，起草小组首

7 《新疆各族人民永远怀念邓小平》，《人民日报》1998年2月19日。

先解决了宪法修改中有关民族部分的问题。

回京后，乌兰夫又立即召集起草领导小组成员和有关人员会议，对草稿进行讨论，形成意见比较一致的草案稿后，便开始征集意见。此后，草案稿又经历了17次修改，小的修修补补不计其数。

均衡意见：乌兰夫亲力亲为

草案稿中有这样一条："民族自治地方企事业单位在招收职工的时候，要优先招收少数民族人员，并且可以从农村牧区少数民族人口中招收人员。"在征求意见时，劳动人事部有反对意见。理由是，为了解决当时比较突出的知识青年返城待业问题，劳动人事部规定："全国企事业单位不许到农村牧区招收职工。"对此，乌兰夫的态度很坚决，认为政策是短期的，法律却是解决长远问题的，他告诉劳动人事部有关负责同志，请他们部党组认真研究一下这个问题，提出部里的正式意见。很快，劳动人事部正式答复说：完全同意草案中的这一条款。

对一些重大问题，他亲自出面同中央其他领导交换意见。1983年以后，已成为国家副主席的乌兰夫，仍然把《民族区域自治法》的制定作为自己的重要工作之一。

1984年5月31日，六届全国人大二次会议表决通过《民族区域自治法》。这一天，距离乌兰夫宣布成立内蒙古自治政府整整37年。[8]

---

8 摘自郑赫南:《既各得其所，又和衷共济——回忆乌兰夫对民族区域自治法的贡献》，载《检察日报》2009年8月27日。

《民族区域自治法》由“序言”和7章组成，包括：“序言”“总则”“民族自治地方的建立和自治机关的组成”“自治机关的自治权”“民族自治地方的人民法院和人民检察院”“民族自治地方内的民族关系”“上级国家机关的领导和帮助”“附则”，共67条，自1984年10月1日起施行。

《民族区域自治法》既是关于国家机构的基本法律，又是包括政治、经济、文化等领域的综合性法律，是中国共产党的民族政策和民族区域自治制度的法律化。它的颁布实施，在保障民族地方的自治权利，巩固和发展平等、团结、互助的社会主义民族关系，促进民族自治地方的改革、发展和稳定，维护国家的统一等方面，都发挥了重要作用。同时，随着中国经济社会的发展，该法的一些规定已不适应新的情况，需要作一些相应的调整。

2001年2月28日，九届全国人大常委会第二十次会议对《民族区域自治法》作了修改完善，科学总结了该法颁布实施以来的成功经验，充分反映了民族地区政治、经济、文化建设的新形势和新要求，民族法制建设和民族工作进入新的发展阶段。

（二）明确民族区域自治是中国的一项基本政治制度

在新的历史时期，中国共产党对民族区域自治制度的地位有了新的认识。江泽民同志在党的十五大报告中，第一次明确把民族区域自治制度确立为中国必须长期坚持的基本政治制度之一。因此，《民族区域自治法》“序言”第一自然段修改为：“中华人民共和国是全国各族人民共同缔造的统一的多民族国家。民族区域自治是中国共产党运用马克思列宁主义解决中国民族问题的基本政策，是国家的一项基本政治制度。”这里，规定它是中国的一项基本政治制度，这就以法律的形式明确了民族区域自治的性质和定位。

该法第十四条第二款修改为：“民族自治地方一经建立，未经法定程序，不得撤销或者合并；民族自治地方的区域界线一经确定，未经法定程序，不得变动；确实需要撤销、合并或者变动的，由上级国家机关的有关部门和民族自治地方的自治机关充分协商拟定，按照法定程序报请批准。”

（三）民族自治地方自治机关的自治权

这部基本法律对民族自治地方自治机关的自治权等作了进一步详细规定。

第一，该法根据 1982 年《宪法》规定的精神，除了规定民族自治地方的自治机关可以制定自治条例和单行条例外，还规定在不违背该《宪法》和法律的原则下，有权采取特殊政策和灵活措施；并规定上级国家机关的决议、决定、命令和指示，如有不适合民族自治地方实际情况的，自治机关可以报经上级国家机关批准，变通执行或者停止执行。2015 年 3 月，修改后的《立法法》进一步赋予自治州人大及其常委会制定地方性法规的权力。

第二，该法对民族自治地方自主管理和安排地方性的经济文化建设事业的权利进行了细化。

第三，该法对上级国家机关的帮助也作了具体规定。

第四，该法对大量培养、配备少数民族干部、专业人才和技术工人等作了规定。

（四）关于财政体制和对民族自治地方的财政支持

20世纪80年代，中国实行“划分收支、分级包干”的财政体制。《民族区域自治法》对民族自治地方的财政收支制度和国家有关的补助办法作了相应规定，即该法第三十三条第三款、第四款规定：“民族自治地方的财政收入和财政支出的项目，由国务院按照优待民族自治地方的原则规定。”“民族自治地方依照国家财政体制的规定，财政收入多于财政支出的，定额上缴上级财政，上缴数额可以一定几年不变；收入不敷支出的，由上级财政机关补助。”第五十八条规定：“上级国家机关合理核定或者调整民族自治地方的财政收入和支出的基数。”

1994年中国实行分税制财政体制后，民族自治地方财政上仍存在较多困难。除少数几个自治州、自治县财政收支平衡或略有上缴外，全国其他民族自治地方均靠上级财政补贴过日子。在实行分税制财政体制下，国家对财政困难省区（包括少数民族省区）的支持，主要是通过财政转移支付制度实现的。因此，修改后的《民族区域自治法》按照分税制财政体制，将原第三十三条第三、四款合并修改为：“民族自治地方在全国统一的财政体制下，通过国家实行的规范的财政转移支付制度，享受上级财政的照顾。”将原第五十八条修改为：“随着国民经济的发展和财政收入的增长，上级财政逐步加大对民族自治地方财政转移支付力度。通过一般性财政转移支付、专项财政转移支付、民族优惠政策财政转移支付以及国家确定的其他方式，增加对民族自治地方的资金投入，用于加快民族自治地方经济发展和社会进步，逐步缩小与发达地区的差距”。这样，民族自治地方将得到更多照顾，有利于自治地方在财政上行使自治权，有利于加快民族地区发展，有利于社会稳定和国家安全。

（五）关于投资、金融等方面的支持

第一，投资方面的扶持。增加规定："国家根据统一规划和市场需求，优先在民族自治地方合理安排资源开发项目和基础设施建设项目。国家在重大基础设施投资项目中适当增加投资比重和政策性银行贷款比重"。国家以往在民族自治地方安排基础设施建设，一般都要求民族自治地方负担与其他地方同样比例的配套资金。民族自治地方由于财政困难，拿不出足够的配套资金，争取不到国家的基础设施建设项目。为此，增加规定："国家在民族自治地方安排基础设施建设，需要民族自治地方配套资金的，根据不同情况给予减少或者免除配套资金的照顾。"

第二，金融方面的扶持。增加规定："国家根据民族自治地方的经济发展特点和需要，综合运用货币市场和资本市场，加大对民族自治地方的金融扶持力度。金融机构对民族自治地方的固定资产投资项目和符合国家产业政策的企业，在开发资源、发展多种经济方面的合理资金需求，应当给予重点扶持。""国家鼓励商业银行加大对民族自治地方的信贷投入，积极支持当地企业的合理资金需求"。

第三，给予利益补偿。一些民族自治地方多年来向其他地区输出资源，而自身受益不够多，因此，增加规定："国家采取措施，对输出自然资源的民族自治地方给予一定的利益补偿。"

第四，加强民族地方的扶贫。民族自治地方贫困面大、贫困人口多，国家扶贫攻坚的主战场在民族地区，因此，增加规定："国家和上级人民政府应当从财政、金融、物资、技术、人才等方面加大对民族自治地方的贫困地区的扶持力度，帮助贫困人口尽快摆脱贫困状况，实现小康。"

（六）关于教育文化方面的支持

第一，帮助民族自治地方发展民族小学和中学，在发达地区举办民族中学，或在普通中学开设民族班，帮助培养少数民族学生。《民族区域自治法》第三十七条第二款规定："民族自治地方的自治机关可以为少数民族牧区和经济困难、居住分散的少数民族山区，设立以寄宿为主和助学金为主的公办民族小学和民族中学。"由于一些民族自治地方的财政困难，其所举办的以寄宿制为主和助学金为主的公办民族小学和民族中学难以为继，因此，增加规定："办学经费和助学金由当地财政解决，当地财政困难的，上级财政应当给予补助。""各级人民政府要在财政方面扶持少数民族文字的教材和出版物的编译和出版工作。""国家在发达地区举办民族中学或者在普通中学开设民族班，招收少数民族学生实施中等教育。"

第二，加大对民族自治地方教育的扶持力度。为了帮助民族自治地方加速发展教育事业，增加规定："国家加大对民族自治地方的教育投入，并采取特殊措施，帮助民族自治地方加速普及九年义务教育和发展其他教育事业，提高各民族人民的科学文化水平。""高等学校和中等专业学校招收新生的时候，对少数民族考生适当放宽录取标准和条件，对人口特少的少数民族考生给予特殊照顾。各级人民政府和学校应当采取多种措施帮助家庭经济困难的少数民族学生完成学业。""国家帮助民族自治地方培养和培训各民族教师。国家组织和鼓励各民族教师和符合任职条件的各民族毕业生到民族自治地方从事教育教学工作，并给予他们相应的优惠待遇。"

（七）关于经济发达地区和民族自治地方的对口支持

1979年4月，全国边防工作会议召开。乌兰夫同志在讲话中提出："要组织内地省市，实行对口支援边疆地区和少数民族地区，北京支援内蒙古，河北支援贵州，江苏支援广西、新疆，山东支援青海，天津支援甘肃，上海支援云南、宁夏，全国支援西藏。"[9] 从此，发达地区与民族自治地方逐渐发展为多层次、多方面的对口支援，成效显著。原第六十一条规定："上级国家机关应当组织和支持经济发达地区与民族自治地方开展经济、技术协作，帮助和促进民族自治地方提高经营管理水平和生产技术水平。"为了进一步加强对口支援，实现民族互助，根据多年来的经验和做法，将这一条修改为："上级国家机关应当组织、支持和鼓励经济发达地区与民族自治地方开展经济、技术协作和多层次、多方面的对口支援，帮助和促进民族自治地方经济、教育、科学技术、文化、卫生、体育事业的发展。"同时，还增加规定："国家引导和鼓励经济发达地区的企业按照互惠互利的原则，到民族自治地方投资，开展多种形式的经济合作。"

（八）关于少数民族干部的配备

大力培养和使用少数民族干部是实行民族区域自治和加快民族地区发展的关键，是坚持和完善民族区域自治制度的一项重要内容。为此，根据党和国家的民族干部政策，在原第二十二条增加规定："民族自治地方的自治机关录用工作人员的时候，对实行区域自治的民族和其他少数民族的人员应当给予适当的照顾。"后来，不断完善这项制度，并在实践中大力推行，成效显著。

---

9 《乌兰夫文选》下册，中央文献出版社1999年版，第280页。

（九）《民族区域自治法》的实施

《民族区域自治法》颁布后，各有关方面就认真开展工作，积极推进法律的贯彻实施。这包括新增一大批民族自治地方，国务院及有关部委对少数民族地区实行特殊政策，健全民族区域自治的法制建设等等。这里，着重介绍以下几个方面。

第一，中宣部、中央统战部 1984 年 10 月联合印发《中华人民共和国民族区域自治法宣传提纲》，并发出通知，要求各地宣传、统战和有关部门结合本地情况向干部、群众广为宣传。该提纲从民族区域自治法的重要性，民族区域自治法的任务和指导思想，民族自治地方的建立和自治机关组成的主要原则，自治机关的自治权，上级国家机关对民族自治地方的领导和帮助，发展社会主义民族关系，促进各民族的共同繁荣等方面进行了详尽的阐述。

第二，全国人大民委、中央统战部和国家民委对《民族区域自治法》贯彻落实情况进行了检查。1987 年 5 月，全国人大常委会彭冲和阿沛·阿旺晋美两位副委员长主持召开汇报会，认真听取了财政部、经贸部、物资部等 20 多个部委关于贯彻落实《民族区域自治法》的情况汇报。之后，组织检查组分赴部分民族自治地方进行了检查。

第三，中央统战部、国家民委 1987 年 1 月向中央提出《关于民族工作几个重要问题的报告》。4 月 17 日，中共中央、国务院批转了这个报告。报告分 6 个部分。（1）新时期民族工作总的指导思想和根本任务是：坚持四项基本原则，坚持改革、开放、搞活的基本国策，紧密结合少数民族地区和少数民族的实际，从民族平等、民族团结、民族进步、相互学习、共同致富出发，以经济建设为中心，全面发展少数民族的政治、经济和文化，不断巩固社会主义的新型民族关系，实现各民族的共同繁荣。（2）切实把经济工作放在民族工作的首位。要致力于党和国家的大政方针在少数民族地区的具体化，在全局的发展中实现各民族的共同发展。（3）大力搞好社会主义精神文明建设。（4）认真贯彻执行《民族区域自治法》。（5）做好杂居、散居少数民族的工作，是党的民族工作的重要组成部分。要在经济、教育、文化事业上，给予他们更多的关心和照顾，使他们在民族大家庭中共同发展繁荣。（6）加强各级民委的建设，充分发挥民委的作用。

延伸阅读　民族团结进步表彰活动

1982 年，国家民委倡议开展民族团结模范集体和模范个人表彰活动。到 1988 年，全国先后有 26 个省（区、市）召开民族团结表彰大会。还有许多自治州、自治县和民族杂居、散居的地、市、县也陆续开展这项活动。全国数以万计的先进集体和先进个人受到了表彰和奖励。在此基础上，1988 年 4 月 25 日至 29 日，国务院在北京召开了第一次全国民族团结进步先进集体和先进人物表彰大会，表彰了 56 个民族成分的 565 个先进集体、601 名先进个人。这已成为一项制度性安排。

三、《地方组织法》等法律有关民族区域自治的规定

《森林法》《草原法》《矿产资源法》等法律都体现了现行《宪法》和《民族区域自治法》规定的精神，就是在民族自治地方进行开发建设要照顾自治地方的利益，作出有利于当地生产建设和人民生活改善的安排。

2022年3月，十三届全国人大五次会议对《地方组织法》作出修改。有关民族关系的内容主要有：一是充实“铸牢中华民族共同体意识”等内容。二是将“保障少数民族的权利”修改为“保障少数民族的合法权利和利益”，体现了法律面前各民族一律平等的原则和理念，让地方在处理涉民族因素的矛盾纠纷时有更为明确的法律依据，是什么问题就按什么问题处理，从而使民族团结的根基更加牢固、纽带更为坚实。三是将“尊重少数民族的风俗习惯”修改为“保障少数民族保持或者改革自己的风俗习惯的自由”，体现了尊重民族差异而不强化差异，保持民族特性而不强化民族特性的方针，有利于加强民族工作、促进各民族广泛交往交流交融。

四、《民族区域自治法》的配套法规

2001年修改《民族区域自治法》时，还在“附则”中增加规定：“国务院及其有关部门在职权范围内制定实施本法的行政法规和规章。”“辖有自治州、自治县的省、自治区和直辖市的人大及其常委会结合当地实际情况，制定实施本法的地方性法规。”进入新时期，《民族区域自治法》配套法规的制定工作取得了新进展。

（一）国务院的有关行政法规

第一，国务院1991年12月8日印发《关于进一步贯彻实施〈中华人民共和国民族区域自治法〉若干问题的通知》。强调国家要大力支援、帮助民族地区加速发展经济文化事业，逐步改变其相对落后的状况，使之与全国的经济和社会发展相适应，促进各地区的协调发展和各民族的共同繁荣。

第二，1993年8月29日，国务院批准、国家民委发布施行的《民族乡行政工作条例》《城市民族工作条例》，把民族乡工作和城市民族工作纳入法制轨道。主要内容有：（1）坚持民族不分大小、一律平等原则，充分保障民族乡和城市少数民族的平等权利和民主权利；（2）坚持各民族共同繁荣，促进民族乡和城市少数民族在经济上的发展；（3）帮助民族乡和城市少数民族发展文化、教育、科技、卫生事业和培养少数民族干部；（4）正确处理民族关系。这两个条例的颁布实施，对于做好中国散杂居民族工作，巩固和发展中国平等、团结、互助的社会主义新型民族关系，加快社会主义现代化建设，促进各民族的共同繁荣都具有重要作用。这就为新形势下进一步保障散居杂居地区少数民族的权益提供了制度规定。

第三，2005年5月，国务院第八十九次常务会议通过《国务院实施〈中华人民共和国民族区域自治法〉若干规定》。该《若干规定》进一步明确，上级人民政府的职责和义务，并对违法责任和监督机制做出明确规定。这是自《民族区域自治法》颁布实施以来国务院制定的第一部配套的行政法规。

第四，制定有关规划、计划。为了贯彻落实《若干规定》中关于扶持民族地区经济社会发展的各项政策措施，国务院先后印发了《扶持人口较少民族发展规划》《少数民族事业“十一五”规划》和《兴边富民“十一五”规划》，从项目、资金、政策等多方面加大了对少数民族和民族地区的支持力度。

总之，在新的历史时期，中央高度重视民族法制建设特别是民族区域自治法配套法规和政策措施的制定和完善。

（二）地方性法规中的有关规定

各地区在民族法制建设方面也做了大量工作。绝大多数自治州和自治县制定了自治条例，一些省区还制定了促进民族经济发展和维护民族团结等方面的地方性法规，各级政府还制定实施细则，辖有自治地方的省、区、市人大大都修改完善了《实施〈中华人民共和国民族区域自治法〉的若干规定》。例如，内蒙古自治区首部促进民族团结进步工作的地方性法规——《内蒙古自治区促进民族团结进步条例》，由自治区十三届人大四次会议于 2021 年 1 月通过，并于 2021 年 5 月 1 日正式施行。这标志着内蒙古自治区民族工作进入依法治理新阶段，为在新时代继续保持“模范自治区”的荣誉提供了法治保障。

各地人大注重加强涉民族宗教事务法规的制定修改和审查清理工作。例如，宁夏修改妇女权益保障条例，针对以宗教仪式代替合法领证结婚的现象，明确禁止宗教团体、宗教教职人员为不符合法定条件的青年举办宗教结婚仪式。新疆制定信访条例，践行群众路线，畅通少数民族群众意愿表达渠道，维护各族群众合法权益。广西制定预防未成年人犯罪条例，保障少数民族未成年人权利，创造各民族未成年人共同健康成长环境。西藏围绕铸牢中华民族共同体意识、贯彻落实新时代党的治藏方略，对 17 件地方性法规进行认真审查，形成评估清理报告。青海审查海东市移风易俗条例、民族自治地方结婚年龄变通规定等，充分尊重少数民族习惯，保障少数民族权利，确保符合地区特点，符合省情实际。

延伸阅读　内蒙古自治区全面评估民族工作法规规章

近年来，内蒙古自治区对民族工作法规规章全面评估、及时调整完善，废止6部与国家上位法相悖的法规，出台自治区促进民族团结进步条例和教育条例等法规规章。[10]

10 摘自石泰峰:《把祖国北部边疆风景线打造得更加亮丽》，载《求是》2022年第6期，第56页。

第三章
民族区域自治制度的显著特点

民族区域自治制度，是中国共产党领导全国各族人民，经过长期探索和实践，最终确立的具有中国特色解决民族问题的基本政治制度，是马克思主义民族理论与中国具体实际相结合的伟大成果，也是与中华优秀传统文化相结合的伟大成果。可以说，民族区域自治制度作为中国一项基本政治制度，是包含了多重考虑、集多种因素为一体的制度设计，适合中国国情和实际，彰显了中国特色制度的优越性和旺盛的生命力。

民族区域自治制度在确立之初，中国共产党强调的是区域自治和民族自治的正确结合。后来，在不同历史时期，中国共产党和国家不断发掘民族区域自治制度的优势和功效，不断深化对民族区域自治的认识，开辟了民族区域自治的新境界。民族区域自治依托少数民族聚居区而实行，既不是单一的民族自治，也不是单一的区域自治，而是民族自治与区域自治、经济因素与政治因素、历史因素与现实因素的有机结合。

延伸阅读　“两个结合”重大论断的发展演变

1957 年青岛民族工作座谈会上，周恩来同志指出，民族区域自治是民族自治与区域自治的正确结合，是经济因素与政治因素的正确结合。江泽民同志在1992年中央民族工作会议上强调，民族区域自治制度把国家的集中统一与少数民族聚居地区的区域自治有机结合起来，把政治因素与经济因素有机结合起来，是完全适合中国国情的解决民族问题的基本制度。胡锦涛同志在2005年中央民族工作会议上指出，民族区域自治体现了民族因素与区域因素、政治因素与经济因素、历史因素与现实因素的统一。习近平总书记在2014年中央民族工作会议上指出，坚持和完善民族区域自治制度，要做到坚持统一和自治相结合，坚持民族因素和区域因素相结合。

一、国家统一和自治的有机结合

世界上的国家结构形式，一般分为单一制和复合制两种。中国是采用单一制国家结构形式的大国，实行的是单一制国家结构形式下的民族区域自治。这就是说，中国实行的是在国家统一领导下的民族区域自治。根据现行《宪法》和《民族区域自治法》的有关规定，中国的民族区域自治是在国家统一领导下，各少数民族聚居地区实行的区域自治。这是中国实行民族区域自治最根本的特点。这一制度是统一与自治的有机结合，根本目的在于维护国家统一和民族团结进步。

（一）国家统一是实行民族区域自治的根本前提

国家统一，既是一个国家的最高利益所在，也是各族人民的共同利益所在。国家统一是第一位的，是民族自治的前提。国家统一是各民族人民生存的基础，是各民族共同发展繁荣的可靠保障。没有国家统一，就谈不上民族区域自治。

知识链接 从“邦畿千里，维民所止”看中国最早的“天下观”

中华民族极其悠久的历史是各民族共同书写的。秦朝即开启了中国统一的多民族国家发展的历程。事实上，从思想文化传统的角度来说，我们可以追溯至更为久远的年代！

中国最早诗歌总集《诗经》有言：“邦畿千里，维民所止”（出自《诗经·商颂·玄鸟》）。邦畿：指古代直属于天子的疆域。维：助词。止：古同“趾”，表示到达，亦有居住意。其意为，天子统治的千里疆土，都是民众所到达、居住的地方。就是说，只有民众所到达、居住的地方才能成为天子统治的区域，因此，民乃国之根本。

《诗经·商颂·玄鸟》是商族后裔祭祀自己祖先的乐歌。诗歌开篇以“玄鸟生商”作为商人后裔关于自身民族起源的神话叙事，紧接着，讲述了殷商先祖的赫赫武功（如：商汤“正域彼四方”，“奄有九有”；武丁继承商汤大业，开拓疆土，以至“邦畿千里，维民所止，肇域彼四海”），最后以“殷受命咸宜，百禄是何”收尾。

商代已形成了比较完备的“天下观”。他们把黄河中下游的商民所居之地称作“邦畿”，作为王朝统治中心；同时，周边林立的方国也是其疆域的组成部分，所谓“肇域彼四海”。这种“邦畿”与“四海”中华一体的分层次的疆域观，奠定了后来中国人“天下观”的基础。[1]

纵观中华民族5000多年文明史，中国是一个具有悠久历史的大一统国家。自秦朝以来，中国就建立起了统一的中央集权的大一统国家，

---

1 摘编自《学习丨邦畿千里，维民所止》，来源：国家民委 2022-05-09，https://www.163.com/dy/article/H6TMQCFC05149O6E.html. 访问日期：2022年5月9日。

并逐渐形成了适应和巩固这一国家结构形式的传统文化，所谓“六合同风、四海一家”的大一统传统。统一始终是主流，分裂总不得人心。统一被公认为是有益于各民族的、顺应历史潮流的，分裂被公认为是逆潮流而动的。2000 年来，中国经历了四次民族大融合，统一时间长达 1300 多年，政权割据、民族纷争时期仅有 600 多年。即使在政权割据、民族纷争时期，各个地方政权和民族政权也都主张和争取国家统一。“大一统”始终是中华民族的价值追求和最高目标，不管是哪个民族入主中原，都以实现国家统一为己任，都把自己建立的王朝视为中华正统。

中国共产党作为中华优秀传统文化的忠实传承者和弘扬者，始终秉持对中华传统文化取其精华、去其糟粕的科学态度，坚持古为今用、推陈出新。在新时代，以习近平同志为核心的党中央高度重视传承弘扬中华优秀传统文化。习近平总书记明确提出坚定文化自信，强调“坚持把马克思主义基本原理同中国具体实际相结合、同中华优秀传统文化相结合”。习近平总书记在党的二十大报告中，深刻阐明中华优秀传统文化中蕴含的“天下为公、民为邦本、为政以德、革故鼎新、任人唯贤、天人合一、自强不息、厚德载物、讲信修睦、亲仁善邻等，是中国人民在长期生产生活中积累的宇宙观、天下观、社会观、道德观的重要体现，同科学社会主义价值观主张具有高度契合性”。[2] 这为正确认识和深刻把握民族区域自治制度提供了一把金钥匙。

众所周知，1840 年鸦片战争后，中国逐步成为半殖民地半封建社会。习近平总书记在庆祝中国共产党成立 100 周年大会上的重要讲话

2　习近平：《高举中国特色社会主义伟大旗帜　为全面建设社会主义现代化国家而团结奋斗》，人民出版社 2022 年 10 月版，第 18 页。

中指出，那时的中国，“国家蒙辱、人民蒙难、文明蒙尘，中华民族遭受了前所未有的劫难”。历史和现实充分表明，国家统一、民族团结，则政通人和、百业兴旺；国家分裂、民族纷争，则丧权辱国、人民遭殃。

只有实现和维护国家统一，对外才有能力抵御外敌侵略，捍卫国家主权和领土完整，对内才有力量抵御各种自然灾害侵袭，保持社会稳定，保护人民幸福安康，推动各民族和睦相处、和衷共济、和谐发展。习近平总书记指出，“实现中国梦必须凝聚中国力量。这就是中国各族人民大团结的力量”。只有把全国各族人民的智慧和力量凝聚起来，才能战胜前进道路上的一切困难和风险。只有实行民族区域自治制度，维护国家统一和民族团结，才能充分凝聚中国力量。

（二）国家的统一领导的具体表现

根据现行《宪法》和《民族区域自治法》的规定，国家的统一领导集中表现在以下几个方面。

第一，坚持党的领导。中国共产党是领导我们事业的核心力量。中国共产党领导是中国特色社会主义最本质的特征。历史和现实都一再证明，没有中国共产党，就没有新中国，就没有中华民族伟大复兴。必须坚持党对一切工作的领导。民族区域自治制度，是中国共产党领导人民建立起来的，也是中国共产党领导人民实行和不断发展完善的。中国共产党领导，是维护中华民族大团结的根本保证。民族自治地方和其他地区一样，都是在中国共产党的领导下，都应贯彻执行党的基本理论、基本路线、基本方略。习近平总书记关于加强和改进民族工作的重要思想，是党的民族工作理论和实践的智慧结晶，是新时代党的民族工作的根本遵循，必须完整、准确、全面把握和贯彻。

第二，各少数民族聚居的地方实行区域自治，各民族自治地方都是中华人民共和国不可分割的部分。

第三，民族自治地方的自治机关必须维护国家的统一，保证宪法和法律在本地方的遵守和执行遵守，牢固树立和维护宪法法律权威。

第四，在国家规划计划的指导下发展经济社会。把国家的整体利益放在首位，积极完成上级国家机关交给的各项任务。

第五，在不违背宪法和法律的前提下，制定自治条例和单行条例，并按程序报批或者备案。

延伸阅读　中国的民族区域自治与其他国家有自决权的“地方自治”的不同之处

现行《宪法》明确规定：“各少数民族聚居的地方实行区域自治，设立自治机关，行使自治权。各民族自治地方都是中华人民共和国不可分离的部分。”这表明，中国的民族区域自治不是绝对自治，而是在宪法范围内，坚持党的领导、坚持中国特色社会主义道路、坚持维护祖国统一的区域自治。

（三）区域自治是为了促进各少数民族繁荣发展

新中国确定在国家统一领导下，各少数民族聚居的地方实行区域自治，设立自治机关，行使自治权。民族区域自治制度为自治地方行使自治权提供了根本制度保障，给予自治地方特殊支持。实行民族区域自治，要求在坚持维护国家统一领导的同时，依法保障少数民族当家作主，管理本民族内部事务，涵盖民族地区经济社会发展的方方面面。具体来说，这主要包括：

第一，民族自治地方自治条例和单行条例制定权。

第二，对不适合民族自治地方实际的上级国家机关的决议、决定、命令和指示的变通执行。

第三，民族自治地方的自治机关具有较大程度的财政经济自主权，并可以享受国家的照顾和优待。

第四，民族自治地方的自治机关享有一定程度的文化自主权。

第五，民族自治地方依法享有公安部队组建权。

第六，少数民族干部人才培养任用优先权。

同时，民族自治地方依法行使自治权遇到困难的时候，民族自治地方的上级机关有责任提供支持和帮助。这充分体现了中国照顾各少数民族的特点和需要、帮助各少数民族地区加快经济社会发展的原则。

实践表明，中国实行单一制国家结构形式下的民族区域自治制度，适合中国国情和实际，目的就是实现和维护国家统一和民族团结。统一与自治有机结合，有利于维护国家统一和民族团结，有利于自治地方解决好自身的特殊问题，实现各民族共同繁荣发展。这有很多生动的例子。例如，作为中国民族种类最多的省份，云南有汉族，还有彝族、哈尼族、白族、傣族、壮族、苗族、回族、傈僳族等25个世居少数民族。1951年立起的云南普洱民族团结誓词碑，不仅铸就了民族团结誓词碑精神，而且被发扬光大。

延伸阅读　云南普洱民族团结誓词碑

1951年元旦，云南普洱专区召开数千人盛会，26个民族的代表在普洱市宁洱哈尼族彝族自治县民族团结院内，剽牛盟誓、刻石铭志，立起了云南普洱民族团结誓词碑："从此我们一心一德，团结到底，在中国共产党的领导下，誓为建设平等自由幸福的大家庭而奋斗！"

碑上还用汉语、傣语、拉祜族语写下立誓代表的签名。这块被誉为新中国民族团结的第一碑，从此铸就了民族团结誓词碑精神。这种精神不断被传承和弘扬，特别是党的十八大以来，云南各族干部群众奋勇争先、比学赶超，全省少数民族的面貌、民族地区的面貌、民族关系的面貌日新月异，少数民族群众生活蒸蒸日上，各族群众热爱党、热爱祖国、热爱社会主义的感情更加真挚，感党恩、听党话、跟党走的信念越发坚定。[3]

▲ 在云南省普洱市宁洱哈尼族彝族自治县民族团结园内，有块 1951 年立下的民族团结誓词碑，这块碑被誉为“新中国民族团结第一碑”。图为建碑的参与者和见证者，哈尼族老人方有富讲述团结碑的历史。中新社记者 刘冉阳 / 摄

3 摘自李发兴：《云南：26 个民族续写民族团结誓词碑》，来源：人民网—云南频道 2020 年 01 月 20 日，http://yn.people.com.cn/n2/2020/0120/c378439-33731884.html. 访问日期：2022 年 7 月 1 日。

实行民族区域自治制度，既维护了中华民族的共同利益，又维护了少数民族的切身利益；既维护了国家的整体利益，又维护了民族自治地方的实际利益，对于发挥各族人民当家作主的积极性，发展平等团结互助和谐的社会主义民族关系，促进民族自治地方发展，发挥了巨大作用。

当前，中国正处于实现中华民族伟大复兴关键时期，实现中华民族伟大复兴，需要各民族手挽着手、肩并着肩，共同努力奋斗。要始终坚持统一和自治相结合，坚持民族因素与区域因素相结合，以铸牢中华民族共同体意识为主线，把各族人民的智慧和力量最大限度凝聚起来，促进各民族像石榴籽一样紧紧拥抱在一起，推动中华民族走向包容性更强、凝聚力更大的命运共同体。

二、民族因素和区域因素的有机结合

苏联等社会主义国家曾经实行联邦制，中国并没有照抄照搬这一制度模式，而是根据马克思主义民族理论、从中国国情出发，采取民族区域自治。中国 56 个民族在全国各地交错居住，一个自治地方内往往共同生活着数个甚至数十个民族，民族特点和区域特点相互交融。因此，必须明确的是，作为解决中国民族问题的基本政策，民族区域自治制度是建立在民族因素和区域因素有机结合的基础上的，它既不是单纯的民族自治，也不是单纯的区域自治，而是二者的有机统一。

金句

民族区域自治，既包括了民族因素，又包括了区域因素。民族区域自治不是某个民族独享的自治，民族区域自治更不是某个民族独有的地方。[4]

（一）民族区域自治包含了民族因素

第一，从中国的民族分布来看，在长期的历史发展中，中国各民族逐渐形成了大杂居、小聚居、交错居住的分布格局。除西藏外，没有一个地区是单一的民族区域。若要实行严格的单一民族的联邦制，自成一个民族共和国，很多人要搬迁，这对各民族的团结和发展都很不利。现在，全国是交错杂居，民族自治地方也是交错杂居，这种趋势越来越强、越来越明显。在一个自治地方，往往共同生活着数个、甚至数十个民族，由一个民族完全聚居在一个地方的很少。民族区域自治不是某个民族独享的自治，民族自治地方更不是某个民族独有的地方。

延伸阅读　中国目前少数民族人口及其分布

2020年末，全国少数民族人口12547万人，占全国总人口的8.89%，分布在全国各省、自治区、直辖市。其中，5个自治区和贵州、云南、青海3个多民族省少数民族常住人口7726万人，占全国少数民族人口的61.6%；东部地区10个省（直辖市）少数民族常住人口1631万人。

第二，民族区域自治对中国各民族大分散、小聚居的状况有很大

4　《习近平谈治国理政》第二卷，外文出版社2017年版，第300页。

的适应性，大民族可以自治，小民族也可以自治；少数民族人口占多数的聚居区可以自治，少数民族人口占少数的聚居区也可以自治；有些民族可以在一个聚居区有自治区，还可以在别的聚居区有自治州、自治县；多民族聚居的地方还可以实行多民族联合自治。

第三，民族区域自治是民族因素和区域因素的结合，它的特点和优点是把国家的集中统一与民族地区的自治有机地统一起来，既保证少数民族人民当家作主，管理本民族内部的地方性事务，发挥地方优势，促进本民族的经济、文化、教育、科技的发展，又能保证国家的集中统一领导，巩固和发展中华民族大团结。

（二）民族区域自治又包含了区域因素

在中国，民族区域自治地方的建立，又考虑了地区或者区域这个重要因素。

第一，一个民族可以在一个大的聚居地区实行自治，成立自治区。例如，藏族，有西藏自治区。又如，回族，有宁夏回族自治区。

第二，一个民族还可以在一个或多个小的聚居区实行自治，成立自治州、自治县，以及民族乡。例如，藏族，除西藏自治区外，还在四川、甘肃、青海、云南分别建立了10个自治州和两个自治县。又如，回族，除宁夏回族自治区外，还在甘肃、新疆分别建立了2个自治州。

中国民族区域自治，体现了民族区域自治制度是民族自治与区域自治的正确结合，是经济因素与政治因素的正确结合，它保障了各少数民族都能充分享受到民族自治的权利，从而对巩固和发展平等、团结、统一、互助、和谐的社会主义民族关系，对保障国家的统一、独立，抵御外来的侵略和颠覆，对国家的社会主义建设等，都发挥了重要作用。

需要强调的是，中国所有民族自治地方都是中国共产党领导下的地方，都是中华人民共和国不可分离的部分，都是全国各族人民共同拥有的地方。自治戴了某个民族的“帽子”，是要这个民族担负起维护国家统一、民族团结的更大责任。在自治地方，各民族享有平等的法律地位，共同建设各项事业，共享建设发展成果。

（三）坚持民族因素和区域因素相结合

中国各民族自治地方内往往都有多个民族共同生活在一起。在各个自治州、自治县甚至民族乡中，也都是多民族生活在一起。这类情况在新疆以及其他民族自治区都是普遍存在的。

民族区域自治制度正确地处理了聚居民族与散居民族之间的关系，充分关照了区域内各民族的生存和发展需求，使每个民族都能平等享受发展机会。坚持和完善民族区域自治制度，要坚持民族因素和区域因素相结合。具体来说，已建立的民族自治地方，大致有 3 种类型：

第一，以一个少数民族聚居区为基础建立的。例如，西藏自治区，吉林省延边朝鲜族自治州。

第二，以一个人数较多的少数民族聚居区为基础，包括其他人数较少的少数民族聚居区而建立的。例如，根据 2016 年统计数据，新疆维吾尔自治区中汉族人口比重为 37%，少数民族人口比重为 63%；在主要是维吾尔族的聚居区，除了维吾尔族，还有哈萨克、蒙古、回、柯尔克孜、锡伯、塔吉克等其他 10 多个世居民族。这些少数民族也分别以其聚居区为基础，建立了相应行政地位的自治地方民族，这就是：伊犁哈萨克自治州、昌吉回族自治州、克孜勒苏柯尔克孜自治州和一些民族自治县、民族乡等。

第三，以两个或多个少数民族的聚居区为基础联合建立的。例如，湖南省湘西土家族苗族自治州，广西壮族自治区龙胜各族自治县，等等。

延伸阅读　新疆维吾尔自治区的建立

1955 年 9 月 30 日，新疆维吾尔自治区成立。在新疆，推行民族区域自治，遵循的是自下而上的原则，即维吾尔族先帮助其他少数民族建立相应的自治地方，然后才着手建立新疆维吾尔自治区。1954 年，先后帮助哈萨克族建立 1 个自治州和 2 个自治县，帮助蒙古族建立 2 个自治州和 1 个自治县。在酝酿过程中，新疆各族干部群众对建立自治区的认识是一致的，仅对自治区的名称问题有争议。当时主要提出了三个名称方案，即：新疆维吾尔自治区、新疆自治区、维吾尔斯坦。经过协商和讨论，均普遍接受“新疆维吾尔自治区”这一名称。

这说明，中国民族区域自治是民族因素和区域因素的有机结合，具体形式是灵活多样的，它可以使大聚居的民族和小聚居的民族，人口多的民族和人口少的民族，都能充分享受到民族自治权利。民族区域自治不仅使聚居的民族能够享受到自治权利，而且使杂居的民族也能够享受到自治权利。各少数民族从人口多到人口少，从大聚居到小聚居，几乎都有了相当的自治单位，充分享受了民族自治权利。

延伸阅读　正确处理聚居民族与散居民族之间的关系

民族区域自治不是某个民族独享的自治，民族自治地方更不是某个民族独有的地方。现行《宪法》和《民族区域自治法》都明确规定，要反对大民族主义，主要是大汉族主义，也要反对地方民族主义。民族区域自治，充分关照区域内各民族的生存和发展需求，使每个民族都能平等享受发展机会，促进全国各民族的共同繁荣。那种想在自治地方内实行某个单一民族独享自治的主张，反映出狭隘的民族中心主义，是有害的、不利于民族团结的，也是中国共产党和国家历来坚决反对的。同时，民族区域自治也不能超出域界之外，某个区域内的民族自治条例并不能在区域外实行。因为这既违背现实，也是违法的，更有害于民族团结。特别是那种要建立所谓的跨区域的“大藏区”主张，完全违反中国宪法和法律，损害西藏各族人民的根本利益。这种分裂国家、破坏民族团结的主张，是必须坚决反对的。

（四）民族区域自治能够更好地保障少数民族的合法权益

中国各民族在长期发展中创造出多元多样、具有民族特色的文化，在一定程度上反映了各民族的历史传统、心理情感、道德准则和宗教观念。只有尊重差异、包容多样，才能更好保障少数民族的合法权益。让少数民族依法自主管理本民族内部事务、真正实现当家作主，是中国尊重差异、包容多样的集中体现，也是民族区域自治最重要的特征。根据现行《宪法》和《民族区域自治法》规定，自治机关在行使地方国家机关职权的同时，在语言文字与风俗习惯、宗教信仰、民族干部和专业人才、民族教育、民族文化、民族医药等领域制定单行条例。这充分保障了各少数民族平等参与管理国家事务和自主管理本民族内部事务的权利。中国不仅从法律和制度等方面对少数民族的各项权利作出专门规定，而且通过设立自治地方，把党和国家的大政方针与民族地区的具体实际相结合，充分体现各民族共同意志和根本利益，充分保障少数民族和民族地区各项权利。

三、政治因素和经济因素的有机结合

（一）民族区域自治包含了政治因素

民族区域自治制度作为中国的一项基本政治制度，是中国解决民族问题的制度安排，它本身就是属于政治制度的范畴，显然具有政治属性。

民族区域自治中的政治因素，主要是指国家统一、民族平等团结和少数民族自主管理本民族内部事务的权利等。就是说，民族区域自治是以维护国家统一为前提，以巩固和发展社会主义民族平等、团结、互助、和谐为目的，以保障少数民族自主管理本民族内部事务权利的实现。在中国5个自治区中，最后成立的西藏自治区颇具代表性。

延伸阅读　西藏自治区的建立

西藏自治区的成立，经历了一个曲折复杂的斗争过程。1951年5月，中央人民政府和西藏地方政府签订《关于和平解放西藏办法的协议》，规定在西藏实行民族区域自治，同时明确对于西藏的现行政治制度，中央不予变更。《协议》签订后，党中央做了大量的工作，逐步密切和西藏地方的关系，加强了藏汉民族之间和藏族内部的团结。1955年3月，国务院通过《关于成立西藏自治区筹备委员会的决定》。次年4月，西藏自治区筹备委员会成立，从而完成了在西藏实行区域自治的一个重大步骤。1959年3月，随着西藏叛乱的平息，国务院宣布解散西藏地方政府，由西藏自治区筹备委员会行使西藏地方政府职权。经过民主改革和认真筹备，1965年9月9日，西藏自治区正式成立。

（二）民族区域自治包含了经济因素

按照马克思主义的观点，民族区域自治又为经济基础所决定，具有经济属性。因此，民族区域自治制度的设计、民族自治地方的建立，包含了经济因素。

民族区域自治中的经济因素，主要是指民族地区的经济发展基础、自然资源状况等。众所周知，由于历史和自然的原因，中国各少数民族总体上处于发展滞后状态。建立并实行民族区域自治制度，在维护国家统一的前提下，依法赋予民族自治地方自治权，自主管理本民族内部事务，可以实现民族地区的跨越式发展、共同富裕和实质上的平等、长治久安。特别是中国少数民族聚居区大都地广人稀，资源富集。民族地区的草原面积，森林和水利资源蕴藏量，天然气储量等，均超过或者接近全国的一半。全国 2.2 万多公里陆地边界线中的 1.9 万公里在民族地区。民族地区的国家级自然保护区面积占到全国的 85% 以上，是国家的重要生态屏障。

延伸阅读　宁夏回族自治区的建立

1958 年 10 月 25 日，宁夏回族自治区成立。这是中共中央倡议的，得到全国广大回族干部群众以及甘肃省各界的热烈响应和积极支持。当时，在充分酝酿、协商后，从两个方案中选取了一个，就是以甘肃北部回族人口比较集中区域为宁夏回族自治区行政区域。在这一区域内，回族人口占 1/3，汉族人口占 2/3；同时，这里既有农田、草山和草场，便于发展农牧业，也具备兴办工业企业和交通的条件。1957 年 6 月，一届全国人大四次会议通过了成立宁夏回族自治区的决议。这样，“到处都有，到处都是少数”的回族便有了一个满意的“家”。

中国实行民族区域自治制度体现了民族因素与经济因素的结合。实行民族区域自治，既是为了团结各民族，也是为了发展各民族。在实行民族区域自治之初，中国共产党就充分考虑了经济因素。例如，在建立广西壮族自治区的过程中，就综合考虑广西东部和西部的人口分布、自然资源、经济发展水平等情况，认为合则双利、分则两害，最终作出整合建区的重大决策。

事实已经充分证明，中国实行的民族区域自治，把政治因素和经济因素有机结合起来，不仅有利于把党和国家的大政方针与民族地区的实际相结合，因地制宜推进民族地区改革发展，而且为中国共产党和国家制定实施区域发展扶持政策提供了重要依据和载体。无论是发达地区的对口支援体制，还是国家的脱贫攻坚、西部大开发战略，都把民族自治地方作为重点，其目标都是保障好少数民族人民的权利，加快民族地区的经济社会发展。

所以，实行民族区域自治，既保障少数民族的平等权利，又有利于国家的统一；既有利于发展平等、团结、互助、和谐的社会主义的民族关系，又有利于民族地区的经济发展和各民族的发展进步。

四、历史因素和现实因素的有机结合

（一）中国实行民族区域自治的深厚基础

中国的民族区域自治制度继承了数千年来几十个民族统一在一个国家之内的多元一体传统，汲取了治国安邦的历史经验，延续了近代以来各民族对中华民族身份的认同，符合少数民族人口众多、分布广泛的现实条件，是尊重历史、合乎国情、顺应民心的正确选择。

这里，我们不妨来看看西藏的历史。西藏自古就是中国领土的一部分，这有充分的历史根据。至少从元朝开始，西藏就归入中国的版图，中央政府即对西藏行使着无可争辩的、有效的行政管辖。在元朝，把青藏高原分成了卫藏、安多、康巴三大块进行行政管理。之后，明代、清代、民国尽管对这个行政区划作过一些局部调整，但总体上是延续下来了。西藏和平解放的时候，西藏地方管理的范围也没有超出今天这个范围。

“达赖喇嘛世系”本身是由中央政府给予封号才得以存在的。历代达赖喇嘛灵童的选择、资格认定乃至最后的坐床，都要向中央政府报告，得到中央政府的批准才能实行。十四世达赖喇嘛本人的坐床也是向当时的中华民国中央政府报告，获得批准的。

故事 “藏独”观念并不是藏人固有的

“西藏独立”观念是不是藏人固有的？有关历史资料表明，自吐蕃政权崩溃后，藏人心目中并没有什么“独立”概念。民国时期，有一个曾经很活跃、向往共产主义的藏族青年革命者，在金沙江边向一个贵族宣传斯大林的民族理论，而那个贵族听到今天我们熟悉的以语言、地域、信仰的异同来划分民族共同体这样的“常识”时，还感到闻所未闻的惊讶。

当时藏区各地方同中央政府之间发生矛盾，不是因为政治上要“独立”。例如，在川属藏区，不过是因为生产力低下，以土司（有时以寺庙）为代表的地方势力，其中强劲的一方，总是图谋扩大自己的势力范围，打破治权平衡，主要方式就是侵吞弱小一方的地盘和百姓，或者越界掠夺财物。清代中央就负起维持地区秩序与地区间权力平衡的责任，冲突起来后便要调解，调解无效就实行镇压。例如，在瞻对这个地方，清朝到民初中央政府对此地用兵，仅民国年间的“战争”才有“藏独”因素。实行强力镇压，当地势力自然也是竭力反抗，结果都会付出惨重代价，但绝不是为了什么“藏独”而战。

只是到了近代，英国人入侵西藏，西藏上层眼见清朝国力衰微，不能再如清中期前那样强力保护西藏，一些人才慢慢起了变化，有了脱离中国的政治诉求，并且通过宗教势力特别是格鲁派势力的扩张，把这种诉求扩散到其他藏区。在川属藏区，一些土司受到这种观念影响，已是民国时期了。近代以来所谓“一个民族一个国家”的观念，又给“藏独”意识披上了现代理论的外衣。

总之，所谓“西藏独立”，这是1840年鸦片战争后，国家蒙辱、人民蒙难、文明蒙尘的一个写照。西藏人其实以往都不这么想，这是清末西藏地方反抗英国入侵惨败，由此渐渐生出来的观念。后来，民国年间，中国内战不断，加上日本的入侵，以及二战前后英属印度的独立运动的影响，中央政府除了名义上不断向国际社会宣示对西藏主权以外，很难实质上管制西藏地方政府，这就进一步强化了所谓“西藏独立”的观念。[5]

多元一体是中国的历史传统，它是指统一的国家能够包容多元，多元与统一相互依存。从政治制度看，中国古代实行中央集权制度，同时在中央集权之下，允许一些地方不同管理制度的存在。这是中国几千年来能够保持“大一统”，文明绵延不绝、疆域基本稳定、众多民族未曾分散且日益团聚的重要原因之一。中央集权制度成熟于秦朝，

5　摘自朱维群著：《民族宗教工作的坚持与探索》（修订版），四川人民出版社2019年版，第366—367页。

它有助于国家统一。但对于少数民族地区，历代中央政府实行羁縻制度，允许其在地方社会制度、生产方式和文化等方面具有一定的自主权利。这是因为中国历史上各民族在经济、社会和文化方面千差万别，只有承认差异并制定相应的尊重差异的制度，才能维持国家统一。自西汉至清代，羁縻制度经历了边郡制、羁縻州府和册封制、土司制三个阶段。尽管形式有所不同，但出发点都是为了适应和保持少数民族独特的文化传统与生活习惯。与此相适应，历代中央政府的法律中均制定了与少数民族有关的条文。羁縻制度与中央集权制度相结合，既给各民族因地制宜自主发展自身的经济、文化等创造了条件，又促进了各民族互相交流学习并逐渐走向团聚与统一。新中国成立后，我们继承了多元一体的政治传统，并以马克思主义为指导进行制度创新，创立了民族区域自治制度，进一步维护和促进了国家统一，加快了少数民族地区和整个国家的现代化建设步伐。

习近平总书记指出，在历史演进中，“中国各民族在分布上的交错杂居、文化上的兼收并蓄、经济上的相互依存、情感上的相互亲近，形成了你中有我、我中有你，谁也离不开谁的多元一体格局”。[6] 在几千年的密切交往中，各族人民共同开拓了祖国辽阔的疆域，共同创造了灿烂的中华文化，共同推动了社会的发展和历史的进步。特别是近代以来，各族人民在共同抵抗西方列强侵略的斗争中、在救亡图存的奋斗中，形成了休戚与共的民族实体，促进了中华民族的觉醒和各民族的团结。

新中国成立后，民族区域自治制度开创了中国特色解决民族问题的正确道路，促进了各民族人民和睦相处、和衷共济。正是在民族区域

6　习近平：《论坚持人民当家作主》，中央文献出版社 2021 年版，第 105 页。

自治制度推动下，少数民族的面貌、民族地区的面貌、民族关系的面貌都发生了历史性变化，中华民族多元一体格局得到不断巩固和发展。

（二）从现实条件看，中国各民族频繁迁徙，逐渐形成了大杂居、小聚居的分布格局

汉族人口最多，遍布全国；少数民族人口相对较少，主要居住在广大边疆地区，但在内地县级以上行政区域也都有分布。这种大杂居、小聚居的分布格局，决定了以少数民族聚居的地方为基础建立不同类型和不同行政级别的民族自治地方，有利于民族关系和谐稳定和各民族共同发展。同时，少数民族聚居的地方面积大、资源丰富，但与其他地区特别是发达地区相比，经济社会发展水平还存在一定差距。这些现实条件决定了实行民族区域自治有利于在充分发挥少数民族地区优势的同时，促进少数民族地区与其他地区之间的交流与合作，实现各地区的共同发展和各民族的共同繁荣。这在第一个省级自治区——内蒙古自治区的行政区划调整上，体现得尤为充分。

延伸阅读　内蒙古自治区行政区划的调整

新中国成立后，落实中国共产党关于统一的内蒙古地区蒙古族区域自治的方针，把历史上被分割的蒙古族聚居地区统一起来，中央人民政府对内蒙古自治区的行政区划进行了调整和完善。具体情况是：1949 年将原辽北省的哲里木盟和原热河省的昭乌达盟，1952 年将原察哈尔省的多伦县、宝昌县、化德县，1954 年将绥远省，1956 年将原热河省的赤峰等 6 个县和甘肃省的巴彦浩特蒙古族自治州、额济纳自治县，分别划入了内蒙古自治区。这就结束了长期以来内蒙古地区蒙古族被“分割”的局面。

总之，民族区域自治制度不是“飞来峰”，而是根据中国的历史发展、文化特点、民族关系和民族分布等具体情况作出的制度安排，体现了多元一体的历史传统，是历史传统与现实条件的有机结合。

第四章
民族自治地方的自治机关及其地位

根据现行《宪法》和有关法律规定，民族自治地方的自治机关是自治区、自治州、自治县的人民代表大会和人民政府，是国家的一级地方政权机关。中国的地方政权一般分为三级（有的是四级）。民族自治地方的行政地位，原则上是依据各自治地方的地域大小和人口多少来决定的。自治区与省同级，自治州与地级市同级，自治县与县同级。内蒙古自治区还设有 3 个民族自治旗，相当于自治县。

法条链接　现行《宪法》对行政区划的规定

第三十条 中华人民共和国的行政区域划分如下：

（一）全国分为省、自治区、直辖市；

（二）省、自治区分为自治州、县、自治县、市；

（三）县、自治县分为乡、民族乡、镇。

直辖市和较大的市分为区、县。自治州分为县、自治县、市。

一、自治区、自治州、自治县（旗）人大的产生和组成

（一）自治区、自治州、自治县、民族乡的人大代表的选举

现行《选举法》对人大代表的选举（包括少数民族的选举）作了

详细规定。《地方组织法》还明确规定："各行政区域内的少数民族应当有适当的代表名额。"

第一，自治县（旗）和民族乡的人大代表由选民直接选举

按照中国现行《宪法》和《选举法》的规定，自治县（旗）和民族乡的人大代表都实行由选民直接选举的原则和制度。这里，我们顺带介绍民族乡的人大代表选举。

自治县（旗）和民族乡的人大设立选举委员会，主持本级人大代表的选举；自治县（旗）的选举委员会受本级人大常委会的领导；民族乡的选举委员会受自治县（旗）人大常委会的领导。为了充分保障自治机关内各少数民族应有的代表性，更好实行民族区域自治，有关法律对民族自治地方选举作了如下特殊规定。

（1）关于自治县（旗）、民族乡代表名额。这包括：自治县（旗）的代表名额基数为一百四十名，每五千人可以增加一名代表；人口超过一百五十万的，代表总名额不得超过四百五十名；人口不足五万的，代表总名额可以少于一百四十名。民族乡的代表名额基数为四十五名，每一千五百人可以增加一名代表；但是，代表总名额不得超过一百六十名；人口不足二千的，代表总名额可以少于四十五名。

（2）关于自治县（旗）、民族乡代表名额分配。这包括：聚居的少数民族多或者人口居住分散的自治县、民族乡，经省（区、市）人大常委会决定，代表名额可以另加百分之五。聚居境内同一少数民族的总人口数占境内总人口数百分之三十以上的，每一代表所代表的人口数应相当于当地人民代表大会每一代表所代表的人口数。聚居境内同一少数民族的总人口数不足境内总人口数百分之十五的，每一代表所代表的人口数可以适当少于当地人民代表大会每一代表所代表的人口数，但不得少于二分之一；实行区域自治的民族人口特少的自治县，经省（区）人大常委会决定，可以少于二分之一。人口特少的其他聚居民族，至少应有代表一人。聚居境内同一少数民族的总人口数占境内总人口数百分之十五以上、不足百分之三十的，每一代表所代表的人口数，可以适当少于当地人大每一代表所代表的人口数，但分配给该少数民族的应选代表名额不得超过代表总名额的百分之三十。散居的少数民族应选当地人大的代表，每一代表所代表的人口数可以少于当地人大每一代表所代表的人口数。

（3）关于代表的民族构成。除了实行民族区域自治的民族的代表以外，其他居住在本行政区域内的民族也应当有适当名额的代表。

延伸阅读　十四届全国人大少数民族代表名额分配方案

第十四届全国人民代表大会少数民族代表名额分配方案

（2022 年 4 月 20 日第十三届全国人民代表大会常务委员会第三十四次会议通过）

根据《第十三届全国人民代表大会第五次会议关于第十四届全国人民代表大会代表名额和选举问题的决定》，第十四届全国人民代表大会少数民族代表名额为 360 名左右，与十三届相同。具体分配方案如下：

一、各省、自治区、直辖市应选少数民族代表 320 名，其中：

1. 蒙古族 24 名：内蒙古自治区 17 名，辽宁省 3 名，吉林省 1 名，黑龙江省 1 名，青海省 1 名，新疆维吾尔自治区 1 名；

2. 回族 37 名：北京市 1 名，天津市 1 名，河北省 3 名，辽宁省 1

名，上海市1名，江苏省1名，安徽省2名，山东省3名，河南省5名，云南省2名，陕西省1名，甘肃省4名，青海省2名，宁夏回族自治区8名，新疆维吾尔自治区2名；

3. 藏族26名：四川省6名，云南省2名，西藏自治区12名，甘肃省2名，青海省4名；

4. 维吾尔族22名：新疆维吾尔自治区22名；

5. 苗族21名：湖北省1名，湖南省5名，广西壮族自治区2名，海南省1名，重庆市2名，贵州省8名，云南省2名；

6. 彝族20名：四川省7名，贵州省2名，云南省11名；

7. 壮族44名：广东省1名，广西壮族自治区41名，云南省2名；

8. 布依族7名：贵州省7名；

9. 朝鲜族9名：辽宁省1名，吉林省6名，黑龙江省2名；

10. 满族20名：北京市1名，河北省2名，内蒙古自治区1名，辽宁省10名，吉林省2名，黑龙江省4名；

11. 侗族6名：湖南省1名，广西壮族自治区1名，贵州省4名；

12. 瑶族6名：湖南省1名，广东省1名，广西壮族自治区3名，云南省1名；

13. 白族4名：云南省4名；

14. 土家族15名：湖北省6名，湖南省5名，重庆市2名，贵州省2名；

15. 哈尼族4名：云南省4名；

16. 哈萨克族5名：新疆维吾尔自治区5名；

17. 傣族5名：云南省5名；

18. 黎族 5 名：海南省 5 名；

19. 傈僳族 2 名：云南省 2 名；

20. 佤族 1 名：云南省 1 名；

21. 畲族 2 名：浙江省 1 名，福建省 1 名；

22. 高山族 2 名：福建省 1 名，台湾省 1 名；

23. 拉祜族 1 名：云南省 1 名；

24. 水族 1 名：贵州省 1 名；

25. 东乡族 1 名：甘肃省 1 名；

26. 纳西族 1 名：云南省 1 名；

27. 景颇族 1 名：云南省 1 名；

28. 柯尔克孜族 1 名：新疆维吾尔自治区 1 名；

29. 土族 1 名：青海省 1 名；

30. 达斡尔族 1 名：内蒙古自治区 1 名；

31. 仫佬族 1 名：广西壮族自治区 1 名；

32. 羌族 1 名：四川省 1 名；

33. 布朗族 1 名：云南省 1 名；

34. 撒拉族 1 名：青海省 1 名；

35. 毛南族 1 名：广西壮族自治区 1 名；

36. 仡佬族 1 名：贵州省 1 名；

37. 锡伯族 1 名：新疆维吾尔自治区 1 名；

38. 阿昌族 1 名：云南省 1 名；

39. 普米族 1 名：云南省 1 名；

40. 塔吉克族 1 名：新疆维吾尔自治区 1 名；

41. 怒族 1 名：云南省 1 名；

42. 乌孜别克族 1 名：新疆维吾尔自治区 1 名；

43. 俄罗斯族 1 名：新疆维吾尔自治区 1 名；

44. 鄂温克族 1 名：内蒙古自治区 1 名；

45. 德昂族 1 名：云南省 1 名；

46. 保安族 1 名：甘肃省 1 名；

47. 裕固族 1 名：甘肃省 1 名；

48. 京族 1 名：广西壮族自治区 1 名；

49. 塔塔尔族 1 名：新疆维吾尔自治区 1 名；

50. 独龙族 1 名：云南省 1 名；

51. 鄂伦春族 1 名：内蒙古自治区 1 名；

52. 赫哲族 1 名：黑龙江省 1 名；

53. 门巴族 1 名：西藏自治区 1 名；

54. 珞巴族 1 名：西藏自治区 1 名；

55. 基诺族 1 名：云南省 1 名。

二、中国人民解放军和中国人民武装警察部队应选少数民族代表 14 名。

三、其余 26 名少数民族代表名额由全国人民代表大会常务委员会依照法律规定另行分配。

第二，自治区、自治州的人大代表由下一级人大选举

自治区、自治州的人大常委会主持本级人大代表的选举。关于代表名额及其分配的规定，包括：自治区的代表名额基数为三百五十名，每十五万人可以增加一名代表，但是，代表总名额不得超过一千名。

自治州的代表名额基数为二百四十名，每二万五千人可以增加一名代表；人口超过一千万的，代表总名额不得超过六百五十名。

（二）选举产生国家机构组成人员

第一，关于候选人的提名权

（1）自治区人大代表三十人以上书面联名，自治州人大代表二十人以上书面联名，自治县（旗）人大代表十人以上书面联名，可以提出本级人大常委会组成人员，人民政府领导人员，监察委员会主任，人民法院院长，人民检察院检察长的候选人。（2）民族乡人大代表十人以上书面联名，可以提出本级人大主席、副主席，人民政府领导人员的候选人。（3）不同选区或者选举单位选出的代表可以酝酿、联合提出候选人。（4）主席团提名的候选人人数，每一代表与其他代表联合提名的候选人人数，均不得超过应选名额。

第二，关于候选人的提出

（1）人大常委会主任、秘书长，民族乡人大主席，人民政府正职领导人员，监察委员会主任，人民法院院长，人民检察院检察长的候选人数可以多一人，进行差额选举；如果提名的候选人只有一人，也可以等额选举。（2）人大常委会副主任，民族乡人大副主席，人民政府副职领导人员的候选人数应比应选人数多一人至三人，人大常委会委员的候选人数应比应选人数多十分之一至五分之一，由本级人大根据应选人数在选举办法中规定具体差额数，进行差额选举。（3）如果提名的候选人数符合选举办法规定的差额数，由主席团提交代表酝酿、讨论后，进行选举。如果提名的候选人数超过选举办法规定的差额数，由主席团提交代表酝酿、讨论后，进行预选，根据在预选中得票多少的顺序，按照选举办法规定的差额数，确定正式候选人名单，进行选举。（4）县级以上的地方各级人大换届选举本级国家机关领导人员时，提名、酝酿候选人的时间不得少于两天。

第三，关于投票选举

选举采用无记名投票方式。代表对于确定的候选人，可以投赞成票，可以投反对票，可以另选其他任何代表或者选民，也可以弃权。

第四，关于当选

关于当选的具体规则，法律上也有明确规定。（1）地方各级人大选举本级国家机关领导人员，获得过半数选票的候选人人数超过应选名额时，以得票多的当选。（2）如遇票数相等不能确定当选人时，应当就票数相等的人再次投票，以得票多的当选。（3）获得过半数选票的当选人数少于应选名额时，不足的名额另行选举。另行选举时，可以根据在第一次投票时得票多少的顺序确定候选人，也可以按法定程序另行提名、确定候选人。（4）另行选举人大常委会副主任、委员，民族乡人大副主席，人民政府副职领导人员时，依法确定差额数，进行差额选举。（5）地方各级人大补选常委会主任、副主任、秘书长、委员，民族乡人大主席、副主席，自治区主席、副主席，市长、副市长，州长、副州长，县长、副县长，区长、副区长，乡长、副乡长，镇长、副镇长，监察委员会主任，人民法院院长，人民检察院检察长时，候选人数可以多于应选人数，也可以同应选人数相等。

现行《宪法》还有特别规定：（1）自治区、自治州、自治县的人大常委会中，应当有实行民族区域自治的民族的公民担任主任或者副主任。（2）自治区主席、自治州州长、自治县县长由实行民族区域自治的民族的公民担任。

第五，关于罢免

这包括：（1）县级以上的地方各级人大举行会议的时候，主席团、常委会或者十分之一以上代表联名，可以提出对本级人大常委会组成人员、人民政府组成人员、监察委员会主任、人民法院院长、人民检察院检察长的罢免案，由主席团提请大会审议。（2）民族乡人大举行会议的时候，主席团或者五分之一以上代表联名，可以提出对人大主席、副主席，乡长、副乡长，镇长、副镇长的罢免案，由主席团提请大会审议。（3）被提出罢免的人员有权在主席团会议或者大会全体会议上提出申辩意见，或者书面提出申辩意见。在主席团会议上提出的申辩意见或者书面提出的申辩意见，由主席团印发会议。

第六，关于辞职

这包括：（1）县级以上的地方各级人大常委会组成人员、专门委员会组成人员和人民政府领导人员，监察委员会主任，人民法院院长，人民检察院检察长，可以向本级人大提出辞职，由大会决定是否接受辞职。（2）大会闭会期间，可以向本级人大常委会提出辞职，由常委会决定是否接受辞职。常委会决定接受辞职后，报本级人大备案。人民检察院检察长的辞职，须报经上一级人民检察院检察长提请该级人大常委会批准。（3）民族乡人大主席、副主席，乡长、副乡长，可以向本级人大提出辞职，由大会决定是否接受辞职。

二、自治区、自治州、自治县（旗）人大及其常委会的职权

根据现行《宪法》和法律的规定，自治区、自治州、自治县（旗）人大及其常委会的职权，具体情况如下。

（一）自治区、自治州、自治县（旗）人大的职权

它们的职权是很广泛的，概括起来，包括以下 9 个方面。

第一，在本行政区域内，保证宪法、法律、行政法规和上级人大及其常委会决议的遵守和执行，保证国家计划和国家预算的执行。

第二，审查和批准本行政区域内的国民经济和社会发展规划纲要、计划和预算及其执行情况的报告，审查监督政府债务，监督本级人民政府对国有资产的管理。

第三，讨论、决定本行政区域内的政治、经济、教育、科学、文化、卫生、生态环境保护、自然资源、城乡建设、民政、社会保障、民族等工作的重大事项和项目。

第四，选举范围包括：（1）本级人大常委会的组成人员。（2）自治区主席、副主席，市长、副市长，州长、副州长，县长、副县长。（3）本级监察委员会主任、人民法院院长和人民检察院检察长；选出的人民检察院检察长，须报经上一级人民检察院检察长提请该级人大常委会批准。（4）上一级人民代表大会代表。

第五，听取和审议工作报告，包括：（1）本级人大常委会工作报告。（2）本级人民政府和人民法院、人民检察院的工作报告。

第六，改变或者撤销有关决议决定，包括：（1）改变或者撤销本级人大常委会的不适当的决议。（2）撤销本级人民政府的不适当的决定和命令。

第七，保护合法权益。这包括：（1）保护社会主义的全民所有的财产和劳动群众集体所有的财产，保护公民私人所有的合法财产，维护社会秩序，保障公民的人身权利、民主权利和其他权利。（2）保护各种经济组织的合法权益。

第八，铸牢中华民族共同体意识，促进各民族广泛交往交流交融，保障少数民族的合法权利和利益。

第九，保障宪法和法律赋予妇女的男女平等、同工同酬和婚姻自由等各项权利。

延伸阅读　中国现有30个自治州

在中国的民族区域自治制度下，民族自治地方的自治机关是自治区、自治州、自治县（旗）的人民代表大会和人民政府。其中，自治州是国家在少数民族聚居的地方设立的民族自治地方，它由省（或者自治区）管辖，它的行政地位与设区的市（即通常所说的“地级市”）一样，是地级行政区。目前，中国的自治州共有30个，分为以下包括以下地方：

第一种情况是以单一民族命名的自治州，有20个，包括：吉林延边朝鲜族自治州，四川凉山彝族自治州，四川甘孜藏族自治州，云南西双版纳傣族自治州，云南怒江傈僳族自治州，云南迪庆藏族自治州，云南大理白族自治州，云南楚雄彝族自治州，甘肃临夏回族自治州，甘肃甘南藏族自治州，青海海北藏族自治州，青海黄南藏族自治州，青海海南藏族自治州，青海果洛藏族自治州，青海玉树藏族自治州，新疆昌吉回族自治州，新疆巴音郭楞蒙古自治州，新疆克孜勒苏柯尔克孜自治州，新疆博尔塔拉蒙古自治州，新疆伊犁哈萨克自治州。

第二种情况是以两个民族命名的自治州，有10个，包括：湖北恩施土家族苗族自治州，湖南湘西土家族苗族自治州，四川阿坝藏族羌族自治州，贵州东南苗族侗族自治州，贵州黔南布依族苗族自治州，贵州黔西南布依族苗族自治州，云南文山壮族苗族自治州，云南红河哈尼族彝族自治州，云南德宏傣族景颇族自治州，青海海西蒙古族藏族自治州。

最早成立的“地级”自治地方是四川的甘孜藏族自治区（现为甘孜藏族自治州），成立于1950年11月24日，地处川、滇、藏、青交界处，总面积逾15万平方公里。

恩施土家族苗族自治州（简称恩施州）于1983年8月19日建州，是共和国最年轻的自治州，也是湖北省唯一的少数民族自治州。恩施州是多民族居住地，有土家族、苗族、侗族、汉族、回族、蒙古族、彝族、纳西族、壮族等29个民族，少数民族人口占总人口的54%。

（二）自治区、自治州、自治县（旗）人大常委会的职权

自治区、自治州、自治县（旗）人大设立常委会，对本级人大负责并报告工作。概括起来，自治区、自治州、自治县（旗）人大常委会的职权有以下8个方面。

第一，在本行政区域内，保证宪法、法律、行政法规和上级人大及其常委会决议的遵守和执行。

第二，主持选举和召集会议。（1）领导或者主持本级人民代表大会代表的选举。（2）召集本级人民代表大会会议。

第三，讨论、决定本行政区域内的政治、经济、教育、科学、文化、卫生、生态环境保护、自然资源、城乡建设、民政、社会保障、民族等工作的重大事项和项目。

第四，调整计划和预算等。（1）根据本级人民政府的建议，审查和批准本行政区域内的国民经济和社会发展规划纲要、计划和本级预算的调整方案。（2）监督本行政区域内的国民经济和社会发展规划纲要、计划和预算的执行，审查和批准本级决算，监督审计查出问题整改情况，审查监督政府债务；

第五，监督“一府一委两院”。（1）监督本级人民政府、监察委员会、人民法院和人民检察院的工作，听取和审议有关专项工作报告，组织执法检查，开展专题询问等；联系本级人大代表，受理人民群众对上述机关和国家工作人员的申诉和意见。（2）监督本级人民政府对国有资产的管理，听取和审议本级人民政府关于国有资产管理情况的报告。（3）听取和审议本级人民政府关于年度环境状况和环境保护目标完成情况的报告；

第六，备案审查。（1）听取和审议备案审查工作情况报告。（2）撤销下一级人大及其常委会的不适当的决议。（3）撤销本级人民政府的不适当的决定和命令。

第七，决定任免。（1）在本级人大期间，决定自治区副主席、副市长、副州长、副县长的个别任免；在自治区主席、市长、州长、县长和监察委员会主任、人民法院院长、人民检察院检察长因故不能担任职务的时候，根据主任会议的提名，从本级人民政府、监察委员会、人民法院、人民检察院副职领导人员中决定代理的人选；决定代理检察长，须报上一级人民检察院和人大常委会备案。（2）根据自治区主席、市长、州长、县长、区长的提名，决定本级人民政府秘书长、厅长、局长、委员会主任、科长的任免，报上一级人民政府备案。（3）根据监察委员会主任的提名，任免监察委员会副主任、委员。（4）

依法任免人民法院副院长、庭长、副庭长、审判委员会委员、审判员，任免人民检察院副检察长、检察委员会委员、检察员，批准任免下一级人民检察院检察长；自治区人大常委会根据主任会议的提名，决定在自治区内按地区设立的中级人民法院院长的任免，根据自治区人民检察院检察长的提名，决定人民检察院分院检察长的任免。（5）在本级人民代表大会闭会期间，决定撤销个别自治区副主席、副市长、副州长、副县长、副区长的职务；决定撤销由它任命的本级人民政府其他组成人员和监察委员会副主任、委员，人民法院副院长、庭长、副庭长、审判委员会委员、审判员，人民检察院副检察长、检察委员会委员、检察员，中级人民法院院长，人民检察院分院检察长的职务。

第八，在本级人大闭会期间，补选上一级人民代表大会出缺的代表和罢免个别代表。

此外，这里还要说明一点，关于人大专门委员会的设立和工作职责。

根据《地方组织法》的规定，（1）自治区、自治州的人大根据需要，可以设法制、财政经济、教育科学文化卫生、环境与资源保护、社会建设和其他需要设立的专门委员会。自治县人大根据需要，可以设法制、财政经济等专门委员会。各专门委员会受本级人大领导；在大会闭会期间，受本级人大常委会领导。（2）各专门委员会开展下列工作：审议本级人大主席团或者常委会交付的议案；向本级人大主席团或者常委会提出属于本级人大或者常委会职权范围内同本委员会有关的议案，组织起草有关议案草案；承担本级人大常委会听取和审议专项工作报告、执法检查、专题询问等的具体组织实施工作；按照本级人大常委会工作安排，听取本级人民政府工作部门和监察委员会、人民法院、人民检察院的专题汇报，提出建议；对属于本级人大及其常委会职权范围内同本委员会有关的问题，进行调查研究，提出建议；研究办理代表建议、批评和意见，负责有关建议、批评和意见的督促办理工作；办理本级人大及其常委会交办的其他工作。

知识链接　全国人大设立的第一个专门委员会——民族委员会

1954 年 9 月 28 日，一届全国人大一次会议根据主席团的提名，通过一届全国人大民族委员会组成人员名单。这是全国人大设立的第一个专门委员会，足见全国人大对民族工作的重视。“文化大革命”期间的四届全国人大未设立民族委员会。1975 年 7 月，全国人大常委会设立民族政策研究组。1979 年 7 月 1 日，五届全国人大二次会议决定恢复设立民族委员会。从此，历届全国人大都设立了民族委员会，并一直是排名第一的专门委员会。

三、自治区、自治州、自治县（旗）的人民政府

自治区、自治州、自治县设立人民政府，是地方国家权力机关的执行机关，是地方国家行政机关，同时又是自治机关。地方各级人民政府每届任期五年。

（一）自治区、自治州、自治县（旗）人民政府的组成

自治区、自治州人民政府分别由自治区主席、副主席，州长、副州长和秘书长、厅长、局长、委员会主任等组成。自治县（旗）人民政府分别由县长、副县长和局长、科长等组成。

此外，民族乡的人民政府设乡长、副乡长。民族乡的乡长由建立

民族乡的少数民族公民担任。

（二）自治区、自治州、自治县（旗）人民政府的职权

这包括以下内容：

第一，执行本级人大及其常委会的决议，以及上级国家行政机关的决定和命令，规定行政措施，发布决定和命令。

第二，领导各工作部门。（1）领导所属各工作部门和下级人民政府的工作。（2）改变或者撤销所属各工作部门的不适当的命令、指示和下级人民政府的不适当的决定、命令。（3）依照法律的规定任免、培训、考核和奖惩国家行政机关工作人员。（4）编制和执行国民经济和社会发展规划纲要、计划和预算，管理本行政区域内的经济、教育、科学、文化、卫生、体育、城乡建设等事业和生态环境保护、自然资源、财政、民政、社会保障、公安、民族事务、司法行政、人口与计划生育等行政工作。

第三，保护合法权益。（1）保护社会主义的全民所有的财产和劳动群众集体所有的财产，保护公民私人所有的合法财产，维护社会秩序，保障公民的人身权利、民主权利和其他权利。（2）履行国有资产管理职责。（3）保护各种经济组织的合法权益。

第四，铸牢中华民族共同体意识，促进各民族广泛交往交流交融，保障少数民族的合法权利和利益，保障少数民族保持或者改革自己的风俗习惯的自由，帮助本行政区域内的民族自治地方依照宪法和法律实行区域自治，帮助各少数民族发展政治、经济和文化的建设事业。

第五，保障宪法和法律赋予妇女的男女平等、同工同酬和婚姻自由等各项权利。

第六，办理上级国家行政机关交办的其他事项。

四、民族自治地方自治机关的行政地位

民族自治地方的民族组成和区域界线，根据各民族聚居地区的民族成分、民族关系、经济条件和历史情况，在民族平等和自愿的基础上，经过协商确定。民族自治地方的名称，除特殊情况外，按照地方名称、民族名称和行政地位的顺序组成。

（一）实行人民代表大会制度

在中国实行人民代表大会制度，是历史的选择、人民的选择。“人民代表大会制度是符合中国国情和实际、体现社会主义国家性质、保证人民当家作主、保障实现中华民族伟大复兴的好制度，是中国共产党领导人民在人类政治制度史上的伟大创造，是在中国政治发展史乃至世界政治发展史上具有重大意义的全新政治制度”。[1]

人民代表大会制度是中国的根本政治制度，是国家政权的根本组织形式。各民族自治地方都是中华人民共和国不可分离的部分，必须实行人民代表大会制度。也就是说，民族自治地方的自治机关必须根据宪法法律规定，按照人民代表大会制度的原则和精神，来组建和运行。

金句

人民代表大会制度是坚持党的领导、人民当家作主、依法治国有机统一的根本政治制度安排，必须长期坚持、不断完善。[2]

1　习近平：《在中央人大工作会议上的讲话》，《求是》2022 年第 5 期。

2《习近平谈治国理政》第三卷，外文出版社 2020 年版，第 29 页。

（二）作为自治机关的人民代表大会

根据现行《宪法》的规定，国家的一切权力属于人民，人民行使国家权力的机关是全国人民代表大会和地方各级人民代表大会。作为民族自治地方的自治机关，具有以下内容和特点。

第一，自治区、自治州、自治县（旗）的人大都由民主选举产生，对人民负责，受人民监督。

第二，自治区、自治州、自治县（旗）的行政机关、监察机关、审判机关、检察机关都由人民代表大会产生，对人大负责，受人大监督。

第三，实行决策权、执行权、监督权既合理分工又相互协调，保证国家机关依照法定权限和程序行使职权、履行职责。

（三）作为自治机关的人民政府

第一，民族自治地方的人民政府对本级人民代表大会和上一级国家行政机关负责并报告工作，在本级人大闭会期间，对本级人大常委会负责并报告工作。

第二，各民族自治地方的人民政府都是国务院统一领导下的国家行政机关，都服从国务院。

第三，民族自治地方自治机关实行自治区主席、自治州州长、自治县县长负责制，分别主持本级人民政府的工作。

延伸阅读　地方组织法（节选）

第六十九条　地方各级人民政府对本级人民代表大会和上一级国家行政机关负责并报告工作。县级以上的地方各级人民政府在本级人民代表大会闭会期间，对本级人民代表大会常务委员会负责并报告工作。

全国地方各级人民政府都是国务院统一领导下的国家行政机关，都服从国务院。

地方各级人民政府实行重大事项请示报告制度。

当然，民族自治地方的自治机关还依法享有自治权，这在下一章中详细介绍。

延伸阅读 中国的民族自治地方

中国共建立了155个民族自治地方，其中包括5个自治区、30个自治州、120个自治县（旗）。55个少数民族已有44个实行了区域自治。此外，实行区域自治的民族和11个人口较少、聚居区过小的民族共建有近千个民族乡。社会主义的民族关系不断巩固和发展。

五、民族自治地方自治机关的民族特色

在中国，由于各少数民族的情况不完全相同，在实行区域自治的时候，呈现出不同的特点，这集中体现在自治机关的“民族化”实践，这主要表现在以下三个方面。

（一）自治机关的干部

这是中国民族区域自治制度的题中应有之意，是民族自治地方设立和有效运行的必要基础。自治地方人大常委会中由实行区域自治民族的公民担任主任或副主任；自治地方人民政府的负责人由实行民族区域自治的民族的公民担任；自治地方人民政府的其他组成人员和自治机关所属工作部门的干部，尽量配备实行区域自治的民族和其他少数民族的人员。具体来说，有以下几点。

第一，民族自治地方的人大常委会应当由实行区域自治的民族的公民担任主任或者副主任；自治区主席、自治州州长、自治县县长由实行区域自治的民族的公民担任。

第二，民族自治地方的人大中，除实行区域自治的民族的代表外，其他居住在本行政区内的民族特别是少数民族也应有适当名额的代表，而且对人口较少的民族的代表名额和比例分配将依法给予适当的照顾。

第三，民族自治地方的人民政府组成人员以及政府所属工作机构中，要尽量配备少数民族的干部，对基本符合条件的少数民族干部要优先配备。实行民族区域自治的民族人口占本地区总人口 1/2 或以上的，其干部构成应当与本民族人口比例大体相当；少于 1/2 或者更少的，一般应高于本民族人口比例。

实行区域自治的民族的干部来自本民族，同本民族有着密切的联系，熟悉本民族的历史和现状，熟悉本民族的语言、文字和风俗习惯，了解本民族人民群众的思想感情、要求和愿望。这本身是实行民族区域自治的内在要求，有利于真正实现实行区域自治的民族的当家作主、管理本民族内部事务的权利的目的。

（二）自治机关使用本民族的语言文字

《民族区域自治法》规定，民族自治机关在执行职务的时候，使用当地民族通用的一种或几种语言文字；同时使用几种语言文字的，以实行区域自治的民族的语言文字为主，以使自治机关更有效地执行自己的职务。

（三）自治机关保留风俗习惯

自治机关注意运用实行区域自治民族的喜闻乐见的民族形式，体现他们的民族特点，适合他们的风俗习惯等。实行自治机关民族化，目的在于经过民族化，使民族自治权利得到尊重和发展，同时密切自治机关与人民群众的联系，加强民族团结。

六、民族乡是民族区域自治的重要补充形式

（一）关于民族乡的法律地位

在民族自治地方的自治机关中，并不包括民族乡，这一点是早在1954年《宪法》就已经明确下来。刘少奇同志在《关于中华人民共和国宪法草案的报告》中指出：“在只有一个乡的民族聚居地区内，虽然不可能也不需要建立自治机关行使上述各种自治权，但也要设立民族乡，以适应聚居的民族成分的特殊情况。”[3]就是说，民族乡不是自治机关。

但是，民族乡是中国民族区域自治的重要补充形式。这就是，在建立民族自治地方的同时，国家还在少数民族聚居的地方建立民族乡，让居住在本民族自治地方以外或未实行区域自治的少数民族，能够享有管理本民族内部事务的自主权。中国11个因人口较少且居住区域较小、没有实行区域自治的少数民族中，有9个建有民族乡。在不同时期，中国民族乡的数量不同，因为民族乡本身处于动态调整之中。

3　全国人大常委会办公厅、中央党史和文献研究院编：《人民代表大会制度重要文献选编》（一），中国民主法制出版社、中央文献出版社2015年版，第220页。

延伸阅读 中国现有966个民族乡

民族乡，行政区划级别与镇、乡、苏木、民族苏木等相同，是中国在少数民族聚居地设立的乡级行政区，由县级行政区管辖。

需要说明的是，中国民族乡的区划一直处于动态调整之中，相应地，民族乡的数量也是动态的。截至2020年2月，中国共有民族乡966个，除了上海市、山东省、山西省、陕西省、海南省和宁夏回族自治区没有设立民族乡以外，其余25个省（区、市）均设有民族乡，其中贵州省最多，有193个民族乡。

根据1983年国务院《关于建立民族乡问题的通知》，成立民族乡要具备以下几个条件，凡是相当于乡的少数民族聚居的地方，应当建立民族乡；少数民族人口占全乡总人口30%以上的乡，可以按照规定申请设立民族乡；特殊情况的，可以略低于这个比例。

民族乡的建立由省（区、市）人民政府决定。民族乡的名称，除特殊情况外，按照以地方名称加民族名称为主的方式来确定。有关民族乡的建立事宜，由省（区、市）人民政府决定。

（二）民族乡人大的职权

这主要有以下几个方面：

第一，遵守和执行。（1）在本行政区域内，保证宪法、法律、行政法规和上级人大及其常委会决议的遵守和执行。（2）在职权范围内通过和发布决议。

第二，关于计划和预算。这主要包括：（1）根据国家计划，决定本行政区域内的经济、文化事业和公共事业的建设计划和项目。（2）审查和批准本行政区域内的预算和预算执行情况的报告，监督本级预算的执行，审查和批准本级预算的调整方案，审查和批准本级决算。

第三，决定本行政区域内的民政工作的实施计划。

第四，选举事项。这包括：（1）本级人大主席、副主席。（2）乡长、副乡长等。

第五，监督事项。这主要包括：（1）听取和审议民族乡人民政府工作报告。（2）听取和审议民族乡人大主席团的工作报告。（3）撤销民族乡人民政府的不适当的决定和命令。

第六，保护合法权益。这主要包括：（1）保护社会主义的全民所有的财产和劳动群众集体所有的财产。（2）保护公民私人所有的合法财产，维护社会秩序，保障公民的人身权利、民主权利和其他权利。（3）保护各种经济组织的合法权益。

第七，铸牢中华民族共同体意识，促进各民族广泛交往交流交融，保障少数民族的合法权利和利益。

第八，保障宪法和法律赋予妇女的男女平等、同工同酬和婚姻自由等各项权利。

此外，少数民族聚居的乡、民族乡、镇的人大在行使职权的时候，可以依法采取适合民族特点的具体措施。

第五章
民族自治地方自治机关的自治权

根据现行《宪法》和《民族区域自治法》等的规定，民族自治地方的政权机关，既是普通的政权机关，又是自治机关。民族自治地方自治机关享有自治权，这是民族区域自治的核心内容。概括起来，地方自治机关的自治权主要有以下六个方面。

一、自治条例和单行条例制定权

现行《宪法》第一百一十六条规定："民族自治地方的人民代表大会有权依照当地的政治、经济和文化的特点，制定自治条例和单行条例。"这是民族区域自治地方制定自治条例和单行条例的直接宪法依据。还规定民族自治地方的自治机关在不违背宪法和法律的原则下，有权采取特殊政策和灵活措施。这样规定，就赋予自治地方很大的自主权，可以根据本地方实际情况，贯彻执行国家的法律、政策。

在此基础上，《民族区域自治法》《立法法》《地方组织法》等法律进一步作了具体规定。

（一）立法主体特定

根据现行《宪法》和有关法律的规定，民族自治地方有权制定自治条例和单行条例。但是，行使这一立法权的主体，只能是民族自治地方的人民代表大会，而不包括自治地方的人大常委会和人民政府，当然更不包括自治地方以外的国家机关。

民族自治地方的自治机关，是自治区、自治州、自治县（旗）的人民代表大会和人民政府。这就是说，只有自治区、自治州、自治县（旗）的人民代表大会，才有资格依法享有民族立法权，制定自治条例和单行条例，而自治区、自治州、自治县（旗）的人大常委会和人民政府都没有这项权力。

（二）立法权限特定

依照当地民族的政治、经济和文化的特点，制定自治条例、单行条例，可以对国家法律和政策作出变通性规定。相应地，依据民族立法权限所制定的规范性文件，有个特定形式，也就是它的名称是特定的——自治条例或者单行条例。

第一，自治条例规定有关本地方实行民族区域自治的基本问题。

第二，单行条例规定有关本地实行民族区域自治的某一方面的具体事项。

在中国，只有实行民族区域自治地方，才有权制定自治条例和单行条例。我们也可以说，自治条例和单行条例的制定权是专属于民族自治地方的自治机关的。这不同于自治区、自治州人大及其常委会依法制定的一般的地方性法规。

知识链接　自治州、自治县（旗）一直就享有民族立法权

1954 年《宪法》第七十条第三款明确规定：“自治区、自治州、自治县的自治机关可以依照当地民族的政治、经济和文化的特点，制定自治条例和单行条例，报请全国人民代表大会常务委员会批准。”这是在一般地方都不享有立法权的情况下，包括自治州、自治县在内的自治机关就具有制定自治条例和单行条例的权力。1982年《宪法》和1984年《民族区域自治法》规定，自治州、自治县有权制定自治条例和单行条例；同时还对自治条例和单行条例的批准程序作了规定：“自治州、自治县的自治条例和单行条例，报省或者自治区的人民代表大会常务委员会批准后生效，并报全国人民代表大会常务委员会备案。”2015年修改《立法法》授予所有设区的市、自治州人大及其常委会制定地方性法规的权力。

（三）适用范围特定

民族自治地方的立法，仅仅适用于本行政区域。这就是说，自治区、自治州、自治县（旗）人民代表大会所制定的自治条例和单行条例，只在本民族自治地方范围内适用，只在本民族自治地方发生效力。

尽管名称上都叫“自治条例”或者“单行条例”，但是，由于民族立法的主体有三个层级：自治区、自治州、自治县（旗），因此，它们有各自相应的适用范围。

（四）立法程序特殊

自治条例和单行条例的制定程序，除了遵循一般立法程序以外，还必须遵循一个特有程序。这就是，为了既充分保障民族自治地方的自治权，又保障法制统一、国家统一，现行《宪法》和有关法律都对自治条例和单行条例的制定，设置了一道特别程序，即批准。

第一，自治区的自治条例和单行条例，须报全国人大常委会批准后生效。

第二，自治州、自治县的自治条例和单行条例，须报省自治区、直辖市的人大常委会批准后生效，并报请全国人大常委会备案。

可以说，以现行《宪法》为依据，以《民族区域自治法》和其他有关法律、国务院有关行政法规为主干，以自治条例和单行条例为主要内容的中国特色民族法律法规体系已经形成并不断发展完善。这为实行民族区域自治提供了法律依据。

（五）自治条例和单行条例有优先适用效力

自治条例和单行条例是民族自治地方的人民代表大会依照当地民族的政治、经济和文化的特点制定的，是一种特殊的地方立法，不同于一般的地方性法规。

根据现行《宪法》和《民族区域自治法》的规定，总结实践做法和经验，《立法法》第八十五条第二款规定："自治条例和单行条例可以依照当地民族的特点，对法律和行政法规的规定作出变通规定，但不得违背法律或者行政法规的基本原则，不得对宪法和民族区域自治法的规定以及其他有关法律、行政法规专门就民族自治地方所作的规定作出变通规定。"法律在授权自治条例和单行条例可以变通规定的。《立法法》第一百条规定："自治条例和单行条例依法对法律、行政法规、地方性法规作变通规定的，在本自治地方适用自治条例和单行条例的规定。"也就是说，在民族自治地方，自治条例和单行条例具有优先适用的效力。

二、变通执行权

上级国家机关的决议、决定、命令和指标，如果不适合民族自治地方实际情况，自治机关可以报经上级国家机关批准，变通执行或者停止执行。

中国少数民族人口有一亿多，分布地域极广。由于历史和自然环境等方面的原因，少数民族集中分布区域特别是一些偏远地区，经济和社会发展相对滞后，处于欠发达状态。同时，各少数民族聚居区的生产生活方式有较大差异，风俗习惯也各不相同。可以说，这些因素既是实行民族区域自治的重要原因，也是使民族区域自治取得良好效果的基础。

（一）宪法法律依据

现行《宪法》第一百一十五条规定："自治区、自治州、自治县的自治机关行使宪法第三章第五节规定的地方国家机关的职权，同时依照宪法、民族区域自治法和其他法律规定的权限行使自治权，根据地方实际情况贯彻执行国家的法律、政策。"这是明确的宪法依据。在此基础上，《民族区域自治法》第二十条进一步规定："上级国家机关的决议、决定、命令和指示，如有不适合民族自治地方实际情况的，自治机关可以报经该上级国家机关批准，变通执行或者停止执行；该上级国家机关应当在收到报告之日起六十日内给予答复。"

（二）变通执行的方式

根据现行《宪法》和法律的规定，以及民族自治地方的实际，自治机关行使变通执行权时，主要采取两种方式。

第一，立法变通。这就是通过立法的方式，制定规范性文件，变通执行国家法律、政策中的某些规定，以适合民族自治地方实际情况。这类变通，是由民族自治地方的人民代表大会来实施，并且在实施变通的时候须要统一按照《立法法》的规定来执行。《立法法》第八十五条第二款中有明确规定："自治条例和单行条例可以依照当地民族的特点，对法律和行政法规作出变通规定"。

知识链接 其他单行法律曾明确有关变通的规定

例如，2001 年修改后的《婚姻法》第五十条规定："民族自治地方的人民代表大会有权结合当地民族婚姻家庭的具体情况，制定变通规定。自治州、自治县制定的变通规定，报省、自治区、直辖市人民代表大会常务委员会批准后生效。自治区制定的变通规定，报全国人民代表大会常务委员会批准后生效。"这是对民族自治地方制定变通规定作了新的法律规定。一是强调民族自治地方可以制定"变通规定"，删去了原来"补充"的提法。就是说，民族自治地方的法规只能根据本地区的具体情况作某些必要的变通。二是明确制定变通规定的机关是民族自治地方人民代表大会，删去了原来的"和它的常务委员会"。三是将原来的"自治区制定的规定，须报全国人民代表大会常务委员会备案"，改为"须报全国人民代表大会常务委员会批准后生效"。这些修改就和《立法法》保持了一致。需要指出的是，《民法典》通过后，《婚姻法》已经同时废止。而《民法典》没有再就民族自治地方对有关婚姻"变通规定"作出规定，民族自治地方就直接适用《立法法》第八十五条等的规定。这就更加简洁。

第二，执行变通。这就是通过行政执法的方式，变通执行或者停止执行特定的对象或者特定事件，属于具体行政行为。这类变通，是由民族自治地方的人民政府来实施。

（三）变通执行的程序

与实施变通的方式直接相关，有关法律对变通程序作了明确规定。目的就是既确保民族自治地方行使自治权，又确保国家法治统一。变通的法定程序也分为两种。

第一，通过制定自治条例或者单行条例来行使变通执行权的，自治区人大制定的自治条例或者单行条例，报全国人大常委会批准后生效；自治州、自治县（旗）人大制定的自治条例或者单行条例，报省或者自治区人大常委会批准后生效，并报全国人大常委会和国务院备案。

第二，变通或者停止执行不适合民族自治地方实际情况的上级国家机关的决议、决定、命令和指示的，自治机关须报经该上级国家机关批准，该上级国家机关应当在收到报告之日起六十日内给予答复。

（四）变通执行中需要特别注意的一个问题

为了确保变通执行权的正确行使，《立法法》第八十五条第二款在明确自治机关可以作出“变通规定”的同时，还有一个“但书”，这就是“但不得违背法律或者行政法规的基本原则，不得对宪法和民族区域自治法的规定以及其他有关法律、行政法规专门就民族区域自治地方所作的规定作出变通规定。”这里有“两个不得”，就是民族自治地方在作变通规定的时候，不得违背法律和行政法规的基本原则，不得就宪法、民族区域自治法和法律、行政法规中有关民族区域自治的规定作出变通规定。

简单地说，宪法法律和行政法规中这些规定本身已经是专门规定或者特别规定，就是从实际出发，作出的有针对性的规定。如果民族自治地方再去对此作变通规定，就有可能改变它原来的意思，反而不利于民族自治地方自治权的落实，当然也是不利于维护国家法治统一的。

三、财政经济自主权

民族自治地方的自治机关具有较大程度的财政经济自主权，并可以享受国家的照顾和优待。

（一）有管理地方财政的自治权

现行《宪法》第一百一十七条规定："民族自治地方的自治机关有管理地方财政的自治权。凡是依照国家规定属于民族自治地方的财政收入，都应当由民族自治地方的自治机关自主安排使用。"在此基础上，《民族区域自治法》对民族自治地方财政作了具体规定。这就不仅赋予民族自治地方在财政方面享有较大的自主权，而且得到了国家的特殊照顾。

第一，民族自治地方的财政是一级财政，是国家财政的组成部分。凡是依照国家财政体制属于民族自治地方的财政收入，都应当由自治机关自主地安排使用。

第二，在全国统一的财政体制下，通过国家实行的规范的财政转移支付制度，享受上级财政的照顾。

第三，财政预算支出，按照国家规定，设机动资金，预备费在预算中所占比例高于一般地区。

第四，自治机关在执行财政预算过程中，自行安排使用收入的超收和支出的节余资金。

第五，自治机关对本地方的各项开支标准、定员、定额，根据国家规定的原则，结合本地方的实际情况，可以制定补充规定和具体办法。自治区制定的补充规定和具体办法，报国务院备案；自治州、自治县制定的补充规定和具体办法，须报省、自治区、直辖市人民政府批准。

第六，自治机关在执行国家税法的时候，除应由国家统一审批的减免税收项目以外，对属于地方财政收入的某些需要从税收上加以照顾和鼓励的，可以实行减税或者免税。自治州、自治县决定减税或者免税，须报省、自治区、直辖市人民政府批准。

（二）自主地安排和管理地方性的经济建设事业

现行《宪法》第一百一十八条规定：“民族自治地方的自治机关在国家计划的指导下，自主地安排和管理地方性的经济建设事业。”“国家在民族自治地方开发资源、建设企业的时候，应当照顾民族自治地方的利益。”在此基础上，《民族区域自治法》对经济建设方面作了具体规定。

第一，自治机关在国家计划的指导下，根据本地方的特点和需要，制定经济建设的方针、政策和计划，自主地安排和管理地方性的经济建设事业。

第二，自治机关在坚持社会主义原则的前提下，根据法律规定和本地方经济发展的特点，合理调整生产关系和经济结构，努力发展社会主义市场经济。民族自治地方的自治机关坚持公有制为主体、多种所有制经济共同发展的基本经济制度，鼓励发展非公有制经济。

第三，自治机关根据法律规定，确定本地方内草场和森林的所有权和使用权。自治机关保护、建设草原和森林，组织和鼓励植树种草。禁止任何组织或者个人利用任何手段破坏草原和森林。严禁在草原和森林毁草毁林开垦耕地。

第四，自治机关依照法律规定，管理和保护本地方的自然资源。自治机关根据法律规定和国家的统一规划，对可以由本地方开发的自然资源，优先合理开发利用。

第五，自治机关在国家计划的指导下，根据本地方的财力、物力和其他具体条件，自主地安排地方基本建设项目。

第六，自治机关自主地管理隶属于本地方的企业、事业。

第七，民族自治地方依照国家规定，可以开展对外经济贸易活动，经国务院批准，可以开辟对外贸易口岸。与外国接壤的民族自治地方经国务院批准，开展边境贸易。民族自治地方在对外经济贸易活动中，享受国家的优惠政策。

第八，民族自治地方根据本地方经济和社会发展的需要，可以依照法律规定设立地方商业银行和城乡信用合作组织。

四、文化、语言文字自主权

民族自治地方的自治机关享有一定程度的文化自主权。现行《宪法》第一百一十九条规定："民族自治地方的自治机关自主地管理本地方的教育、科学、文化、卫生、体育事业，保护和整理民族的文化遗产，发展和繁荣民族文化。"第一百二十一条还规定，自治机关在执行职务的时候，依照本民族自治地方自治条例的规定，使用当地通用的一种或者几种语言文字。

（一）自主地管理本地方的教育、科学、文化、卫生、体育事业

第一，教育方面，主要有：（1）根据国家的教育方针，依照法律规定，决定本地方的教育规划，各级各类学校的设置、学制、办学形式、教学内容、教学用语和招生办法。（2）自主地发展民族教育，扫除文盲，举办各类学校，普及九年义务教育，采取多种形式发展普通高级中等教育和中等职业技术教育，根据条件和需要发展高等教育，培养各少数民族专业人才。（3）为少数民族牧区和经济困难、居住分散的少数民族山区，设立以寄宿为主和助学金为主的公办民族小学和民族中学，保障就读学生完成义务教育阶段的学业。办学经费和助学金由当地财政解决，当地财政困难的，上级财政应当给予补助。（4）招收少数民族学生为主的学校（班级）和其他教育机构，有条件的应当采用少数民族文字的课本，并用少数民族语言讲课；根据情况从小学低年级或者高年级起开设汉语文课程，推广全国通用的普通话和规范汉字。（5）各级人民政府要在财政方面扶持少数民族文字的教材和出版物的编译和出版工作。阿沛·阿旺晋美在《关于〈中华人民共和国民族区域自治法（草案）〉的说明》

中指出："在少数民族学校中，不但应当学习本民族的语文，在中学或者高小以上学校应当同时学习普通话和汉文，这对于促进文化交流和提高少数民族的文化科学水平，是很有必要的。"[1]

延伸阅读 习近平总书记高度关注民族学校的发展

党的十八大以来，习近平总书记先后给中央民族大学附属中学、西藏民族大学致贺信，提出殷切希望。

2013 年 10 月 1 日，习近平总书记在庆祝中央民族大学附属中学建校 100 周年的贺信中，充分肯定该校培养了大批少数民族优秀人才，希望学校继承光荣传统，传承各民族优秀文化，承担好立德树人、教书育人的神圣职责，着力培养造就中国特色社会主义事业合格建设者和接班人。勉励同学们珍惜美好时光，砥砺品德，陶冶情操，刻苦学习，全面发展，掌握真才实学，努力成为建设伟大祖国、建设美丽家乡的有用之才、栋梁之材，为促进民族团结进步、实现共同繁荣发展作出应有贡献。[2]

2018 年 10 月 15 日，习近平总书记在致西藏民族大学建校 60 周年的贺信中，指出"西藏民族大学 60 年来取得的成绩，是在党的领导下西藏各项事业蓬勃发展、西藏各族人民生活不断改善的生动体

---

1 全国人大常委会办公厅、中央党史和文献研究院编：《人民代表大会制度重要文献选编》（二），中国民主法制出版社、中央文献出版社 2015 年版，第 649 页。

2 2013 年 10 月 3 日是中央民族大学附属中学百年校庆，5 月 20 日，该校来自全国 24 个省区市 50 个少数民族的 1800 名学生给习近平总书记写信，汇报他们在首都北京学习和生活的情况。10 月 1 日，习近平总书记给全校学生回信。中央民族大学附属中学作为全国唯一一所面向各少数民族地区招生的民族中学，前身为国立蒙藏学校，成立于 1913 年。

▲ 图片来自互联网，https://www.sohu.com/a/470921129_121119040，访问日期：2022年8月26日。

现”。希望他们全面贯彻落实新时代中国特色社会主义思想和党的十九大精神，紧紧围绕培养什么样的人、怎样培养人、为谁培养人这一根本问题，培育和弘扬社会主义核心价值观，提高教育教学水平，贯彻党的民族政策和宗教政策，加强民族团结进步教育，传承中华优秀传统文化，自觉维护民族团结，全面推进学校各项工作，努力培养德智体美劳全面发展的社会主义事业建设者和接班人，为推动西藏经济社会发展，为实现“两个一百年”奋斗目标、实现中华民族伟大复兴的中国梦作出新的很大贡献。[3]

3《习近平致西藏民族大学建校 60 周年的贺信》，来源：新华网 2018-10-15，http://www.xinhuanet.com/politics/2018-10/15/c_1123560376.htm。访问日期：2022 年 7 月 1 日。

此外，2016 年 9 月 9 日，习近平总书记同北京市和八一学校教师学生代表座谈时的重要讲话中，强调要优化教育资源配置，逐步缩小区域、城乡、校际差距，特别是要加大对革命老区、民族地区、边远地区、贫困地区基础教育的投入力度，保障贫困地区办学经费，健全家庭困难学生资助体系。

第二，文化方面，（1）自治机关自主地发展具有民族形式和民族特点的文学、艺术、新闻、出版、广播、电影、电视等民族文化事业，加大对文化事业的投入，加强文化设施建设，加快各项文化事业的发展。（2）自治机关组织、支持有关单位和部门收集、整理、翻译和出版民族历史文化书籍，保护民族的名胜古迹、珍贵文物和其他重要历史文化遗产，继承和发展优秀的民族传统文化。（3）自治机关自主地决定本地方的科学技术发展规划，普及科学技术知识。

延伸阅读　乌兰牧骑：草原上的“红色文艺轻骑兵”

“乌兰牧骑”，为蒙语，意为“红色的嫩芽”，引申为“红色文艺轻骑兵”，1957 年诞生于内蒙古苏尼特右旗。她是一个适应草原地区生产生活特点而诞生的“红色文化工作队”，是内蒙古自治区知名文化品牌。

2017 年 11 月，恰逢乌兰牧骑建立 60 周年，习近平总书记给内蒙古自治区苏尼特右旗乌兰牧骑的队员们回信，指出她的长盛不衰表明，人民需要艺术，艺术也需要人民；充分肯定她是“全国文艺战线的一面旗帜”，勉励乌兰牧骑永远做草原上的“红色文艺轻骑兵”。2019 年 7 月，习近平总书记在内蒙古赤峰市考察时再次强调，乌兰牧骑是内蒙古这个地方总结出来的经验，很接地气，老百姓喜闻乐见，传承了优秀传统文化。

她诞生之后，就受到党和国家领导人的亲切关怀。毛泽东主席3次接见乌兰牧骑队员，周恩来总理12次接见乌兰牧骑队员，邓小平同志为她题词：“发扬乌兰牧骑作风，全心全意为人民服务。”

▲ 第一支乌兰牧骑——苏尼特右旗乌兰牧骑（资料图片）

她的建立和发展，是党的文艺路线在少数民族地区的成功实践！

她诞生之初，9名牧区青年驾着1辆马车，手拿5把乐器、2块幕布和3盏煤油灯组建第一支乌兰牧骑。后来，队伍不断扩大。目前，内蒙古共有75支乌兰牧骑队伍，3000多名队员。一代又一代乌兰牧骑队员扎根基层，走进农村牧区和厂矿，发扬艰苦奋斗、甘于奉献、勇于创新的光荣传统和优良作风，累计创作演出深受群众喜爱的文艺作品1万余个节目，行程130多万公里，为宣传党的路线方针政策、繁荣社会主义文艺、丰富广大农牧民精神生活、促进民族团结和社会进步作出了突出贡献。

2019年7月，习近平总书记强调，新时代加强精神文明建设，要通过文化市场发展满足群众多方面精神文化需求，但乌兰牧骑这种直接为老百姓服务、为基层服务的文艺活动永远不会过时，要继续大力提倡、支持、扶持和推广。这就赋予新时代乌兰牧骑新的使命，为乌兰牧骑事业的发展指明了方向。2019年9月26日，内蒙古

▲ 乌兰牧骑新老队员合影

自治区十三届人大常委会第十五次会议审议通过《内蒙古自治区乌兰牧骑条例》，共 27 条，对乌兰牧骑的设立、建设、管理、保护、发展等方面作出规定，自 2019 年 11 月 1 日起施行。这是内蒙古贯彻落实习近平总书记重要指示精神的具体举措，是国内首个有关乌兰牧骑的地方性法规，也是内蒙古自治区第一个关于解决文艺团队建设、保护、发展问题的地方性法规，必将进一步推进中华民族优秀传统文化的传承和创新。

金句

要正确把握中华文化和各民族文化的关系，各民族优秀传统文化都是中华文化的组成部分，中华文化是主干，各民族文化是枝叶，根深干壮才能枝繁叶茂。[4]

第三，自主地决定本地方的医疗卫生事业的发展规划，发展现代医药和民族传统医药。民族自治地方的自治机关加强对传染病、地方病的预防控制工作和妇幼卫生保健，改善医疗卫生条件。

第四，自主地发展体育事业，开展民族传统体育活动，增强各族

4 习近平：《论坚持人民当家作主》，中央文献出版社 2021 年版，第 328 页。

人民的体质。

第五，民族自治地方的自治机关积极开展和其他地方的教育、科学技术、文化艺术、卫生、体育等方面的交流和协作。自治区、自治州的自治机关依照国家规定，可以和国外进行教育、科学技术、文化艺术、卫生、体育等方面的交流。

（二）使用当地通用的语言文字

第一，自治机关在执行公务的时候，依照本民族自治地方自治条例的规定，使用当地通用的一种或者几种语言文字。

第二，同时使用几种通用的语言文字执行公务的，可以以实行区域自治的民族的语言文字为主。

第三，民族自治地方的人民法院和人民检察院应当用当地通用的语言审理和检察案件，并合理配备通晓当地通用的少数民族语言文字的人员。对于不通晓当地通用的语言文字的诉讼参与人，应当为他们提供翻译。法律文书应当根据实际需要，使用当地通用的一种或者几种文字。保障各民族公民都有使用本民族语言文字进行诉讼的权利。

金句

要推广普及国家通用语言文字，科学保护各民族语言文字，尊重和保障少数民族语言文字学习和使用。[5]

5 习近平：《论坚持人民当家作主》，中央文献出版社 2021 年版，第 329 页。

五、公安部队组建权

现行《宪法》第一百二十条和《民族区域自治法》第二十四条规定，民族自治地方的自治机关依照国家的军事制度和当地的实际需要，经国务院批准，可以组织本地方维护社会治安的公安部队。

第一，民族自治地方公安部队的组建，目的是维护本地方的社会治安。

第二，民族自治地方公安部队的组建，必须符合国家的军事制度，以国家的军事制度为依据。中国军事制度的基本特点是，中华人民共和国的武装力量属于人民。它的任务是巩固国防，抵抗侵略，保卫祖国，保卫人民的和平劳动，参加国家建设事业，全心全意为人民服务。国家的武装力量必须遵守宪法和法律，坚持依法治军。武装力量受中国共产党领导。武装力量中的中国共产党组织依照中国共产党章程进行活动。

第三，民族自治地方公安部队的组建，必须是基于本地方的实际需要。

第四，民族自治地方公安部队的组建，必须经国务院批准。

延伸阅读　组织地方公安部队规定的由来

新中国成立初期，暗藏的敌特分子和土匪没有肃清，特别是新生的民族区域自治政权多数地处边疆，防范和打击敌特分子和土匪的破坏活动，维护地区稳定的任务还很重。《共同纲领》第五十二条规定：“中华人民共和国境内各少数民族，均有按照统一的国家军事制度，参加人民解放军及组织地方人民公安部队的权利。”《民族区域自治实施纲要》第二十二条规定：“各民族自治区自治机关按照国家统一的军事制度，得组织本自治区的公安部队和民兵。”1954年《宪法》草案征求各地意见时，有的地方提出，鉴于民族自治地方维护地方政权稳定，打击境内外敌特分子的任务还很重的实际，建议有必要赋予民族自治地方的自治机关有组织公安部队的权能。这一建议得到中央的采纳并写入宪法。即第七十条第三款规定：“自治区、自治州、自治县的自治机关依照国家的军事制度组织本地方的公安部队。”

六、少数民族干部人才培养任用优先权

大量培养、配备少数民族的各级干部、各种专业人才和技术工人，是中国共产党和国家一贯的政策，是实行民族区域自治的一个重要举措。现行《宪法》和《民族区域自治法》对此有明确规定。1981年10月，邓小平同新疆维吾尔自治区党委第一书记王恩茂谈话时指出：选拔干部是关键，“要选拔培养中青年干部，要在实际工作中了解、认识符合中央提出的干部条件的中青年干部，把他们提拔起来。”[6] 进入新时代，以习近平同志为核心的党中央对此高度重视，作出部署，提出要求。

金句

要坚持新时代好干部标准，努力建设一支维护党的集中统一领导态度特别坚决、明辨大是大非立场特别清醒、铸牢中华民族共同体意识行动特别坚定、热爱各族群众感情特别真挚的民族地区干部队伍，确保各级领导权掌握在忠诚干净担当的干部手中。[7]

---

6 中央党史和文献研究院、中共新疆维吾尔自治区委员会编：《新疆工作文献选编》，中央文献出版社2010年版，第253页。

7 习近平：《论坚持人民当家作主》，中央文献出版社2021年版，第331页。

第一，自治机关根据社会主义建设的需要，采取各种措施从当地民族中大量培养各级干部、各种科学技术、经营管理等专业人才和技术工人，充分发挥他们的作用，并且注意在少数民族妇女中培养各级干部和各种专业技术人才。

第二，上级国家机关帮助民族自治地方从当地民族中大量培养各级干部、各种专业人才和技术工人。为此，还有许多规定和举措，这在《民族区域自治法》第六章“上级国家机关的职责”中作了更为明确具体的规定。

第三，自治机关录用工作人员的时候，对实行区域自治的民族和其他少数民族的人员应当给予适当的照顾。自治机关可以采取特殊措施，优待、鼓励各种专业人员参加自治地方各项建设工作。

第四，民族自治地方的企业、事业单位依照国家规定招收人员时，优先招收少数民族人员，并且可以从农村和牧区少数民族人口中招收。

第五，民族自治地方的人民法院和人民检察院的领导成员和工作人员中，应当有实行区域自治的民族的人员。

第六章
推动各民族共同走向社会主义现代化

中国坚持和完善民族区域自治制度，实行民族区域自治，保障和实现民族自治地方自治机关的自治权，根本目的之一就是促进民族自治地方的发展和各民族的共同繁荣，推动各民族为全面建设社会主义现代化国家而共同奋斗。《民族区域自治法》在现行《宪法》规定的基础上，明确规定上级国家机关支持民族自治地方发展的职责，就是上级国家机关有责任保障、支持和帮助民族自治地方的经济社会发展。

金句

各民族都是中华民族大家庭的一分子，脱贫、全面小康、现代化，一个民族也不能少。[1]

一、高度重视对民族地区的帮扶

中国共产党和国家历来高度重视民族工作，提出并实行民族区域自治制度，保障和落实民族自治地方自治机关的自治权，特别是在宪法法律中明确上级国家机关帮扶民族自治地方的职责。

1 习近平总书记 2020 年 6 月 8 日在宁夏吴忠市利通区金花园社区考察时的讲话。

（一）上级国家机关很有必要领导和帮助民族自治地方发展

由于历史基础、地理环境和社会条件等多方面因素的制约，少数民族和民族地区的经济、文化、社会等方面的发展水平不是很高。为了消除这种历史上遗留下来的民族间事实上的不平等现象，实现民族平等，国家大力帮助民族地区经济、文化和社会等事业的发展。这个方针和政策是一贯的。1954 年 5 月，李维汉同志在宪法起草委员会第四次全体会议上就已说过，如果让少数民族关起门来搞自治，没有国家的支援，很多事情就不可能搞。就是说，上级国家机关要充分发挥相关职能作用，只有这样，民族自治地方才能更好实现民族区域自治的自治权。

延伸阅读　民族区域自治制度中“上级国家机关”规定的由来

1954 年《宪法》中就使用了“上级国家机关”的概念，第七十二条规定：“各上级国家机关应当充分保障各自治区、自治州、自治县的自治机关行使自治权，并且帮助各少数民族发展政治、经济和文化的建设事业。”1975 年《宪法》第二十四条和 1978 年《宪法》第四十条沿用了这一提法。

（二）现行《宪法》和《民族区域自治法》对比作出明确规定

现行《宪法》第四条规定：“国家根据各少数民族的特点和需要，帮助各少数民族地区加速经济和文化的发展”；第一百二十二条进一步规定：“国家从财政、物资、技术等方面帮助各少数民族加速发展经济建设和文化建设事业。”“国家帮助民族自治地方从当地民族中大量培养各级干部、各种专业人才和技术工人。”这是国家（包括上级国家机关）帮助民族自治地方发展的直接宪法依据。

在此基础上，1984 年《民族区域自治法》第六章“上级国家机关的领导和帮助”，详细规定了民族自治地方的“上级国家机关”的相关职责。2001 年 2 月，九届全国人大常委会第二十次会议修改这部法律的时候，将第六章的标题改为“上级国家机关的职责”，增加了一些规定，充实了上级国家机关的职责。概括起来，这些职责主要包括：尊重民族自治地方的实际、全面落实帮扶责任、配套资金减免、科技成果转化、财政资金扶持、产业结构升级、专用资金使用、资金税收扶持、发展对外贸易、财政转移支付、基础设施建设、对口支援、资源开发补偿、生态保护补偿、招工录用人员、企事业单位管理、扶贫开发、人才培养、民族教育发展、民族政策教育与检查等。

（三）习近平总书记为民族地区确定战略定位

中共中央召开一系列有关民族工作的高规格的会议，包括中央民族工作会议、西藏工作座谈会、新疆工作座谈会等，习近平总书记出席会议并发表重要讲话，确立新时代党的治藏方略、治疆方略。特别是，习近平总书记深深牵挂少数民族和民族地区的发展，一次次到民族地区视察调研，一次次同各族群众面对面交谈交流，足迹遍布雪域高原、天山南北、祖国北疆、西南边陲，为民族地区的发展明确战略定位。这都是从实际出发提出的发展思路、对策举措，具有很强的针对性。

延伸阅读 习近平到西藏考察，祝贺西藏和平解放 70 周年

2021 年 7 月 21 日至 23 日，习近平到西藏庆祝西藏和平解放 70 周年并进行考察调研，强调要全面贯彻新时代党的治藏方略，谱写雪域高原长治久安和高质量发展新篇章。作为中共中央总书记、国家主席、中央军委主席到西藏庆祝西藏和平解放，看望慰问西藏各族干部群众，这在中国共产党和国家历史上是第一次，充分表达了党中央对西藏工作的支持、对西藏各族干部群众的关怀。

习近平强调，要全面贯彻新时代党的治藏方略，坚持稳中求进工作总基调，立足新发展阶段，完整、准确、全面贯彻新发展理念，服务和融入新发展格局，推动高质量发展，加强边境地区建设，抓好稳定、发展、生态、强边四件大事，在推动青藏高原生态保护和可持续发展上不断取得新成就，奋力谱写雪域高原长治久安和高质量发展新篇章。

习近平指出，要准确把握西藏工作的阶段性特征，扎实做好群众工作，提高社会治理水平，确保国家安全、社会稳定、人民幸福。要坚持把民族团结进步宣传教育与社会主义核心价值观教育、爱国主义教育、反分裂斗争教育、新旧西藏对比教育和马克思主义国家观、历史观、民族观、文化观、宗教观教育结合起来，多谋长久之策，多行固本之举。要加强民族交往交流交融，不断增强各族群众对伟大祖国、中华民族、中华文化、中国共产党、中国特色社会主义的认同，打牢民族团结的思想基础

习近平强调，推动西藏高质量发展，要坚持所有发展都要赋予民族团结进步的意义，都要赋予改善民生、凝聚人心的意义，都要有利于提升各族群众获得感、幸福感、安全感。[2]

（四）制定和实施一系列重大决策部署

贯彻实施《宪法》和《民族区域自治法》，中央出台一系列重大举措，不断完善民族政策和民族工作制度体系，强化上级国家机关支持民族自

2 摘自《全面贯彻新时代党的治藏方略 谱写雪域高原长治久安和高质量发展新篇章》，载《人民日报》2021 年 7 月 24 日，第 1 版。

治地方发展职责的落实，以铸牢中华民族共同体意识为主线，推动少数民族和民族地区经济社会发展，推动各民族共同走向社会主义现代化。

第一，中央出台党内法规，印发一系列指导性文件，不断健全民族政策。这主要有：出台关于依法治理民族事务促进民族团结的意见、关于全面深入持久开展民族团结进步创建工作铸牢中华民族共同体意识的意见、关于加强和改进少数民族流动人口服务管理工作的意见等党内法规；制发关于进一步加强民族工作加快少数民族和民族地区经济社会发展的决定、关于加强和改进新形势下民族工作的意见、关于进一步维护新疆社会稳定和实现长治久安的意见、关于进一步推进西藏经济社会发展和长治久安的意见，以及有关西部大开发、脱贫攻坚等方面的政策性文件。

金句

要推动各民族共同走向社会主义现代化。要完善差别化区域支持政策，支持民族地区全面深化改革开放，提升自我发展能力。[3]

第二，全国人大及其常委会依法行使职权，认真履行职责，扎实开展工作，推进新时代人大民族高质量发展。这主要有：（1）通过宪法修正案，修改《全国人大组织法》《地方组织法》等法律，完善有关民族关系的规定。（2）审查和批准国民经济和社会发展规划、计划，其中包含有关民族发展的内容。（3）开展《民族区域自治法》《畜牧法》等法律实施情况的执法检查，促进这些法律全面正确有效实施。（4）听取专项工作报告。例如，全国人大常委会将听取和审议国务院关于巩固拓展

3 《习近平谈治国理政》第四卷，外文出版社 2022 年版，第 247 页。

脱贫攻坚成果同乡村振兴有效衔接情况的报告列入 2022 年度监督工作计划，并明确由全国人大农业与农村委员会、民族委员会共同负责做好相关工作。这是为了贯彻落实以习近平同志为核心的党中央关于实现巩固拓展脱贫攻坚成果同乡村振兴有效衔接的决策部署，重点是制定实施衔接过渡期帮扶政策情况，持续巩固拓展脱贫攻坚成果情况，接续推进脱贫地区乡村振兴情况，加强农村低收入人口常态化帮扶情况，面临的主要问题，进一步完善政策、改进工作的思路举措等。

第三，国务院认真开展相关工作，将上级国家机关帮扶职责具体化，并督促落实。这主要包括：（1）2005 年制定的《实施〈中华人民共和国民族区域自治法〉若干规定》，进一步细化了上级国家机关帮扶的有关职责。（2）2008 年起，先后制定了有关促进宁夏、广西、新疆、云南、内蒙古、贵州及青海等省区经济社会发展的若干规定。（3）制定和实施有关规划计划，包括少数民族事业发展五年规划、促进民族地区和人口较少民族发展规划、扶持人口较少民族发展规划、兴边富民行动计划等。

二、坚持和完善差别化区域支持政策

（一）一切从实际出发

中国地域辽阔，各民族在历史发展、生产生活、文化传统、风俗习惯等许多方面各具特色。充分考虑这些不同因素，从实际出发，因地制宜，建立民族自治地方，并依法管理民族自治地方。

坚持实事求是、从实际出发这一根本原则，是中国共产党和国家实行民族区域自治，开展民族工作的指导原则和一贯要求，是上级国家机关对民族自治地方帮扶职责的重要体现。

（二）进一步加大差别化的政策支持力度

中国共产党和国家历来坚持因地制宜、分类指导的原则，制定并实施符合少数民族和民族地区实际的政策措施。特别是党的十八大以来，针对少数民族和民族地区困难群众多、群众困难多的实际，党中央持续加大差别化的政策支持力度，把民族 8 省区纳入“一带一路”建设，赋予重要地位，出台支持“三区三州”等深度贫困地区脱贫攻坚的实施意见、新时代推进西部大开发形成新格局的指导意见、进一步加强东西部扶贫协作工作的指导意见等文件，有力促进民族地区打赢脱贫攻坚战、同全国一道全面建成小康社会。

（三）有关民族自治地方的决议、决定、命令和指示

上级国家机关有关民族自治地方的决议、决定、命令和指示，应当适合民族自治地方的实际情况。这是一个原则规定，就是说，上级机关作出有关民族自治地方的决策部署，必须从民族自治地方的实际情况出发，要有针对性，切实解决问题。

（四）应当照顾民族自治地方的特点和需要

第一，上级国家机关应当帮助、指导民族自治地方经济发展战略的研究、制定和实施，从财政、金融、物资、技术和人才等方面，帮助各民族自治地方加速发展经济、教育、科学技术、文化、卫生、体育等事业。

第二，国家制定优惠政策，引导和鼓励国内外资金投向民族自治地方。

第三，上级国家机关在制定国民经济和社会发展计划的时候，应当照顾民族自治地方的特点和需要。

三、推进共同富裕和高质量发展

加快少数民族和民族地区发展，是中国共产党的根本宗旨和社会主义本质要求在民族工作上的具体体现，是维护团结统一、铸牢中华民族共同体意识的必然要求。

新中国成立以前，中国民族地区社会生产力水平极度低下，没有现代工业，经济社会发展相对落后，广大山区和荒漠地区的少数民族，普遍缺吃少穿，温饱都是个问题。毛泽东同志指出，让各族人民摆脱目前的困境，使他们的生活一天天好起来，是我们共产党人的任务。新中国成立后，百废待兴。党和国家就是在这样的情况下，优先在民族地区安排资源开发和深加工等重大项目，重点扶持民族地区建设一批对带动当地发展起重大作用的基础设施项目，实行一系列优惠政策，支持民族地区建立现代工业体系、保障和改善各族群众生产生活，不断加快发展步伐。例如，“一五”计划156个大型重点项目中的40个建在民族地区，8条新建铁路干线中的5条建在民族地区或直接与民族地区相连。短短几年时间，建成投产内蒙古包头钢铁基地、新疆克拉玛依油田等一批国家级大型项目，兰新、宝成等铁路建成通车，许多民族地区彻底改变了封闭落后的状况，面貌焕然一新！

改革开放以来，中国共产党和国家实施东西部扶贫协作和对口支援、西部大开发等一系列重大决策，加快发展民族地区经济社会各项事业，民族地区特色优势产业不断壮大，基础设施建设进一步加强，城乡居民收入稳步增长，开放合作持续推进，经济社会发展势头良好。党的十八大以来，以习近平同志为核心的党中央把加快少数民族和民族地区发展摆在全国改革发展全局中更加突出的位置，来谋划和推进，不断加快民族地区全面建成小康社会进程。

（一）实施西部大开发战略

1999 年 9 月 29 日，第二次中央民族工作会议召开，会议的主题是贯彻西部大开发战略，其一个显著特点，就是与全国民族团结进步表彰会结合起来，加快民族地区发展，把民族团结进步事业全面推向新世纪。

这次会议第一次系统、明确地提出了西部大开发的五项主要任务，强调加快少数民族和民族地区的发展，不仅是一个重大的经济问题，也是一个重大的政治问题。2000 年 12 月底，国务院印发《关于实施西部大开发若干政策措施的通知》，标志着西部大开发战略迈出了实质性的步伐。

在实施西部大开发中，国家将 5 个自治区、27 个自治州、83 个自治县（旗）纳入其中，同时规定 3 个自治州可以参照享受西部大开发优惠政策；对未列入西部大开发范围的自治县，责成其所在的省级人民政府在职权范围内比照西部大开发的有关政策予以扶持。

此后，2004 年国务院印发《关于进一步推进西部大开发的若干意见》，2010 年中共中央、国务院印发《关于深入实施西部大开发战略的若干意见》等文件，为西部大开发提供了重要指导和政策支持。

习近平总书记多次到西部地区视察调研，深入基层边疆一线，发表系列重要讲话，为新时代西部大开发指明了方向，提供了基本遵循。

党的十九大明确提出，强化举措推进西部大开发形成新格局。2020 年 5 月 17 日，《中共中央、国务院关于新时代推进西部大开发形成新格局的指导意见》印发执行。

党的十八大以来，在以习近平同志为核心的党中央坚强领导下，西部地区经济社会发展取得重大历史性成就，为决胜全面建成小康社会奠定了比较坚实的基础，也扩展了国家发展的战略回旋空间。但同时，西部地区发展不平衡不充分问题依然突出，巩固脱贫攻坚任务依然艰巨，与东部地区发展差距依然较大，维护民族团结、社会稳定、国家安全任务依然繁重，仍然是全面建成小康社会、实现社会主义现代化的短板和薄弱环节。

针对国内外环境的新变化，在系统总结西部大开发战略实施经验基础上，印发执行《中共中央、国务院关于新时代推进西部大开发形成新格局的指导意见》，强化举措推进西部大开发形成新格局，对于新时代继续做好西部大开发工作，增强防范化解各类风险能力，促进区域协调发展，推动西部地区高质量发展、开启全面建设社会主义现代化国家新征程具有重要意义。

延伸阅读　《中共中央、国务院关于新时代推进西部大开发形成新格局的指导意见》

2019 年 3 月 19 日，习近平总书记主持召开中央全面深化改革委员会第七次会议并发表重要讲话。会议审议通过《关于新时代推进西部大开发形成新格局的指导意见》。2020 年 5 月 17 日，《中共中央、国务院关于新时代推进西部大开发形成新格局的指导意见》印发执行。具体举措共分六个方面，包括：贯彻新发展理念，推动高质量发展；

以共建“一带一路”为引领，加大西部开放力度；加大美丽西部建设力度，筑牢国家生态安全屏障；深化重点领域改革，坚定不移推动重大改革举措落实；坚持以人民为中心，把增强人民群众获得感、幸福感、安全感放到突出位置；加强政策支持和组织保障。

（二）深入开展对口支援

1996 年，按照党中央、国务院“两个大局”战略构想，决定东部发达省市对口帮扶中西部欠发达省区，即东西对口扶贫协作。实际上，对口支援是中国制度优势的生动体现。从汶川地震后的恢复重建，到脱贫攻坚的主战场，对口支援机制都发挥了巨大作用。

根据《民族区域自治法》的规定，上级国家机关应当组织、支持和鼓励经济发达地区与民族自治地方开展经济、技术协作和多层次、多方面的对口支援，帮助和促进民族自治地方经济、教育、科学技术、文化、卫生、体育事业的发展。

在中国，东西对口扶贫协作，既是一种扶贫创新做法和机制，也是社会主义制度优势的一种具体体现。这当中，有许多可歌可泣的事迹，也有凝结了智慧经验的“闽宁模式”。

延伸阅读　闽宁模式：东西对口扶贫协作将输血式变造血式

按照中央部署，1996 年至 2016 年的 20 年，福建省对口帮扶宁夏。两省区携手向贫困宣战，形成扶贫开发强大合力，谱写了扶贫开发的华彩篇章，创建了东西对口扶贫协作的“闽宁模式”。

第一，强化顶层设计是战略前提。1996 年 10 月，福建省委、省政府成立由时任福建省委副书记的习近平同志为组长的对口帮扶宁夏回族自治区领导小组；11月，宁夏、福建首次对口扶贫协作联席会议在福州市召开，闽宁两省区正式“结亲”，建立对口扶贫协作关系。最基本的经验在于强化顶层设计，把中央推动东西部协作战略部署和闽宁两省区在扶贫开发中积累的经验和智慧结合起来，建立起持续带动、持续突破的长效机制，其中，闽宁双方的联席会议制度是最重要的制度之一。联席会议每年轮流举办一次，党委、政府主要负责同志出席，总结对口协作工作，商定协作帮扶方向、内容和重点。同时，闽宁两省区特别注重建章立制，先后建立完善“市县结对帮扶”“互派挂职干部”“部门对口协作”等机制，做到“优势互补、互惠互利、长期合作、共同发展”，承诺的协作事项及时得到兑现。此外，闽宁两省区还始终坚持围绕经济社会发展大局，不断丰富扶贫协作内涵。

第二，开展产业扶贫是关键。在闽宁协作中，宁夏人民很期待两省区能够依托宁夏的自然条件和资源优势，着力培育和发展特色优势产业，以产业带动扶贫、扩大就业，最终带来老百姓的增收。福建省积极邀请福建、广东及香港等地闽商或闽籍华侨到宁夏考察投资，并依托福建在宁企业家协会多渠道寻求经济协作契机，吸引更多福建企业赴宁夏投资置业。截至2016年，在宁夏的福建企业和商户达到5000多家，年创产值超过350亿元，上缴税金10亿元，安置就业10万余人，为宁夏的经济建设和社会繁荣做出了积极贡献。闽宁两省区还把共建产业园区作为产业协作的重点，先后在银川市永宁县建设了闽宁镇扶贫产业园，在吴忠市盐池县、固原市西吉县和隆德县建设闽宁产业园，带动了当地支柱产业的发展。这些产业项目在宁夏落地，也使当地贫困群众的科技意识、思想观念和经营理念发生了转变，自我发展能力明显提升。

第三，激发内生动力是根本要求。宁夏是欠发达少数民族地区，尤其是西海固地区，自古素有“贫瘠甲天下”之称，外国专家更是将其认定为“不具备人类生存的基本条件”的地区。这些“一方水土养不活一方人”的地区，要摆脱贫困顽疾，必须以基础设施建设作为突破口，提升这些地区的造血能力。为了提高当地群众的造血能力，福建省还向宁夏连续派遣支教老师和各类技术人员，为宁夏培训山区教师、帮助宁夏新扩建各类中小学校和幼儿园，实施阳光工程和雨露计划，持续资助贫困学生等，促进了贫困地区教育事业的发展。同时，以就业技能培训作为切入点，帮助贫困群众提高综合素质，增强了贫困群众发展产业和外出务工的本领，为激发贫困人口脱贫致富的内生动力奠定了基础。[4]

（三）精准扶贫、打赢脱贫攻坚战

党和国家为加快民族地区经济发展和社会进步采取了一系列措施，这主要包括：加大对民族地区的投入，确立了转移支付制度，新增了发展资金、温饱基金、民族地区乡镇企业贷款，制定了民族贸易和民族用品生产实行“低息贷款、减免税收、专项投资”等一系列优惠政策，还组织经济发达地区对口支援民族地区开展扶贫协作，《国家“八七”扶贫攻坚计划》中，将民族地区作为重点。从 2001 年开始实施的《中国农村扶贫开发纲要（2001—2010）》，再次把民族地区确定为重点扶持对象。国家有关部门对民族地区开始实施跨越式发展战略、“兴边富民”行动以及扶持人口较少民族发展的计划。

---

4 《闽宁模式：东西对口扶贫协作将输血式变造血式》（载《经济日报》2016 年 7 月 20 日）

同时，西藏整体被列入国家扶贫开发重点扶持范围。2003 年，国家对内蒙古、新疆、广西、宁夏、西藏等 5 个自治区卫生专项投入资金累计达 13.7 亿元人民币，主要覆盖公共卫生体系建设、农村卫生基础设施建设、专科医院建设、农村合作医疗、重大疾病控制等方面。

党的十八大后，中国共产党和国家提出“精准扶贫”理念并实施这一方略，强调帮到点上、扶到根上，确保真脱贫、脱真贫，保证脱贫攻坚目标如期完成。精准扶贫方略的成功实践，对中国和世界都具有重大意义，不仅为中国全面建成小康社会、实现第一个百年奋斗目标，发挥了重要的作用。同时，创造了人类减贫史上的奇迹，彰显了中国共产党领导和中国特色社会主义的政治制度优势、中国共产党的治理能力和改革创新能力，为解决贫困治理一系列世界难题提供了中国智慧和中国方案。

延伸阅读　习近平总书记首次提出“精准扶贫”理念

2013 年 11 月 3 日至 5 日，习近平总书记在湖南湘西土家族苗族自治州十八洞村考察时，提出精准扶贫方略。

2013 年 11 月 3 日，习近平总书记在湖南湘西花垣县十八洞村考察时，同村干部和村民代表亲切地拉家常、话发展，首次提出了“精准扶贫”，强调扶贫要实事求是，因地制宜。要精准扶贫，切忌喊口号，也不要定好高骛远的目标。“精准扶贫”这一重要理念，为新时代中国扶贫工作指明了方向，从此全国开启了精准扶贫、精准脱贫攻坚战。

习近平总书记深情地说：“让几千万农村贫困人口生活好起来，是我心中的牵挂。”他多次对精准扶贫、精准脱贫作出重要指示。总书记指出，精准扶贫，就是要对扶贫对象实行精细化管理，对扶贫资源实行精确化配置，对扶贫对象实行精准化扶持，确保扶贫资源真正用在扶贫对象身上、真正用在贫困地区。强调扶贫开发推进到今天这样的程度，贵在精准，重在精准，成败之举在于精准。要做到“扶持对象精准、项目安排精准、资金使用精准、措施到户精准、因村派人精准、脱贫成效精准”。

2015 年 11 月 27 日，习近平总书记在中央扶贫开发工作会议上深刻阐述了在精准扶贫中“扶持谁”“谁来扶”“怎么扶”等关键性问题。2017 年 12 月 28 日，习近平总书记在中央农村工作会议上指出，把提高脱贫质量放在首位，注重扶贫同扶志、扶智相结合，瞄准贫困人口精准帮扶，聚焦深度贫困地区集中发力，激发贫困人口内生动力，强化脱贫攻坚责任和监督，开展扶贫领域腐败和作风问题专项治理。各地深入实施产业扶贫、就业扶贫、易地扶贫搬迁、生态扶贫等，强力推进东西部扶贫协作和定点扶贫，持续加大扶贫资金投入监管力度，深入开展漠视侵害群众利益问题专项整治，推动精准帮扶举措落地见效。

2021 年 2 月 25 日，全国脱贫攻坚总结表彰大会上，习近平总书记庄严宣告：中国脱贫攻坚战取得了全面胜利。8 年来，近 1 亿人脱贫，832 个贫困县全部摘帽。中国如期完成新时代脱贫攻坚目标任务，提前 10 年完成联合国 2030 年可持续发展议程的减贫目标。

经过多年持续不断的努力，民族地区经济社会发展迅速，少数民族群众生活蒸蒸日上。民族地区脱贫攻坚战取得全面胜利，3121 万贫困人口全部脱贫，民族自治地方的 420 个贫困县全部摘帽。全国各族人民共同迈进全面小康，改革发展成果正在更多更公平地惠及每一个中国人！

延伸阅读 独龙族实现“一步跨千年”——整族脱贫

独龙族是中国人口较少的一个少数民族，也是云南省人口最少的民族，现约有7000人，旧称“俅人”。分布在云南省贡山独龙族怒族自治县独龙江流域的河谷地带，位于高黎贡山以西，但当利卡山以东，设立独龙江乡，是独龙族唯一聚居地。独龙族自古生活在崇山峻岭之中，条件恶劣，交通闭塞，所以，社会发展较为迟缓，生产力水平低下，新中国成立初期仍保留着浓厚的原始公社制残余，是从原始社会末期直接过渡到社会主义社会的少数民族，即通常所说的“直过民族”。这是独龙族的第一次“千年跨越”。

2014年元旦前夕，贡山县干部群众致信习近平总书记，报告了多年期盼的高黎贡山独龙江公路隧道即将贯通的消息，总书记收到来信后立即作出重要批示：“独龙族群众居住生活条件比较艰苦，我一直惦念着你们的生产生活情况。”

2015年1月20日，正在云南考察的习近平总书记会见了贡山独龙族怒族自治县干部群众代表，并亲切地说，独龙族“虽然只有6900多人，人口不多，也是中华民族大家庭平等的一员”，“全面实现小康，一个民族都不能少”。

2018年底，独龙族又一次“一步跨千年”——整族脱贫。2019年2月，乡亲们委托乡党委给习近平总书记写信汇报这一喜讯，4月10日，总书记回信勉励独龙族群众，同心协力建设好家乡、守护好边疆，努力创造独龙族更加美好的明天。

“总书记这么关心我们，不靠自己双手过好日子会害羞”。头发花白的独龙族村民李文仕，2015年初第一次走出独龙江乡、第一次坐飞机，那一天和总书记见面的每个细节她都记得清清楚楚。这几年，致富路越走越宽。李文仕和村民们纺织的独龙毯，成为人们喜爱的工艺品，不愁销路。

“共产党光辉照边疆，山笑水笑人欢乐。社会主义好哎，架起幸福桥。哎……道路越走越宽阔，越宽阔……”欢快的歌声，唱出了新时代新征程各族人民心声。[5]

中华民族是个大家庭，确保少数民族和民族地区同全国一道实现全面小康和现代化。

四、支持基础设施建设和产业结构调整

（一）合理安排各种项目

第一，国家根据统一规划和市场需求，优先在民族自治地方合理安排资源开发项目和基础设施建设项目。

第二，国家在重大基础设施投资项目中适当增加投资比重和政策性银行贷款比重。

第三，国家在民族自治地方安排基础设施建设，需要民族自治地方配套资金的，根据不同情况给予减少或者免除配套资金的照顾。

（二）加强科技成果转化

国家帮助民族自治地方加快实用科技开发和成果转化，大力推广实用技术和有条件发展的高新技术，积极引导科技人才向民族自治地

5　徐元锋、邝西曦：《让各族群众都过上好日子，促进各民族共同富裕》，载《人民日报》2022 年 6 月 21 日，第 2 版。

方合理流动。国家向民族自治地方提供转移建设项目的时候，根据当地的条件，提供先进、适用的设备和工艺。

（三）加大金融支持力度

第一，国家根据民族自治地方的经济发展特点和需要，综合运用货币市场和资金市场，加大对民族自治地方的金融扶持力度。金融机构对民族自治地方的固定资产投资项目和符合国家产业政策的企业，在开发资源、发展多种经济方面的合理资金需求，应当给予重点扶持。

第二，国家鼓励商业银行加大对民族自治地方的信贷投入，积极支持当地企业的合理资金需求。

（四）促进产业结构升级

第一，上级国家机关从财政、金融、人才等方面帮助自治地方的企业进行技术创新，促进产业结构升级。

第二，上级国家机关应当组织和鼓励民族自治地方的企业管理人员和技术人员到经济发达地区学习，同时引导和鼓励经济发达地区的企业管理人员和技术人员到民族自治地方的企业工作。

延伸阅读　新疆可可托海 从因矿而生到因矿重生

风靡全国的一曲《可可托海的牧羊人》，让新疆富蕴县的可可托海镇走入人们的视线。然而，美丽的可可托海不只有深情的牧羊人，还隐藏着一处神秘矿脉——可可托海三号矿。

然而，这个三号矿，1967年以前的中国地图上都找不到她的名字，只是代号为“111”矿。

上世纪末，当地停止采矿，大批工人离开可可托海，这里也逐渐

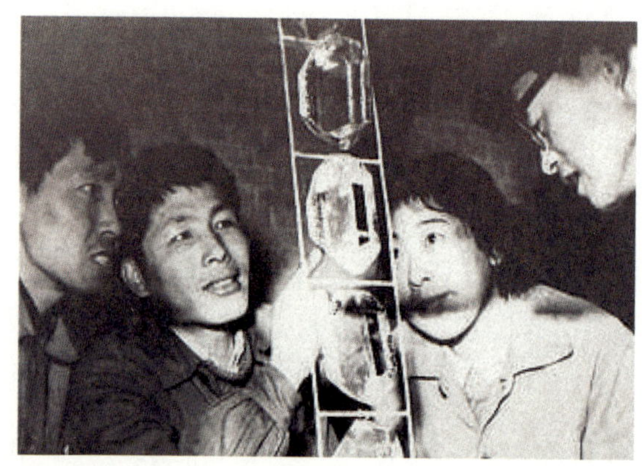

▲ 1979年3月，可可托海矿区技术人员成功试验制造人造水晶。 资料图片

发展成一个红色旅游基地，实现了“华丽转身”。

历史烟云中的“功勋矿”

在可可托海国家矿山公园景区，直径达500米的矿坑像一个巨大的旋涡镶嵌在山峦之中，最深处达350米。这便是有名的三号矿脉。

她于20世纪30年代被发现，其稀有金属资源量占可可托海花岗伟晶岩矿床的90%以上，蕴藏的稀有金属种类丰富，《稀有金属矿产地质勘查规范》列出的8种稀有元素这里都有。三号矿脉已累计查明矿物80种，其中稀有金属矿物26种，被称为“稀有金属矿物的天然博物馆”。

三号矿脉为中国“两弹一星”、航空航天等国防军工产业提供必需的材料：第一颗原子弹爆炸所使用的铍，第一颗氢弹爆炸所使用的锂，第一艘核潜艇联合试验所使用的钽、铌，第一颗人造卫星所使用的铯，这主要都来自可可托海。因此，三号矿脉被誉为“功勋矿”。

▲ 可可托海三号矿脉。资料图片

在可可托海地质陈列馆，馆藏地质标本及展品400余件，矿种多达94种。其中世界级矿物2种，国家级矿物3种，世界上迄今发现的唯一一块"额尔齐斯石"也珍藏于馆中。1983年，被国际矿物协会新矿物命名委员会确认为世界上首次发现的新矿物。

焕发新生命的老厂房

清水墙、红砖房，走进三号院，浓浓的工业风扑面而来。"这是原可可托海矿务局一矿的矿部所在地，有1952年到1987年间修建的原石验选厂、电铲大修车间、制氧站等8座老厂房。"据工作人员介绍，如今，在原有废弃的旧厂房基础上招商改建，这里已成为以"文化+文宿+文创"为主线，集文化传承、公益讲座、学术交流、休闲旅游等多功能为一体的文化旅游创意园区。

三号院占地面积10万余平方米，由政府配套亮化、美化、水、电、暖等基础设施。目前已落地文化企业18家，可以同时容纳260人就餐、797人住宿。2018年以来，在三号院先后举办各类专题讲座、创作分享会等培训、文化交流30余场次，这里已成为可可托海发展红色旅游的“打卡地”。

与三号院一样焕发生机的还有两座老木桥。这两座老木桥采用木桁架桥梁设计方案，圆木巧妙地重叠、搭建在一起，桥身是用条钢及螺栓固定方木拼装而成，桥面为厚木板铺设，用料均为当地优质落叶松。经过50多年的高强度使用和风雨侵蚀，两座桥的木架构都已经严重变形。木桥的独特结构在中国并不多见，2013年8月，依照原设计图纸，当地对两座老木桥进行整修。[6]

（五）扶助发展经济文化建设事业

第一，国家设立各项专用资金，扶助民族自治地方发展经济文化建设事业。

第二，国家设立的各项专用资金和临时性的民族补助专款，任何部门不得扣减、截留、挪用，不得用以顶替民族自治地方的正常的预算收入。

（六）促进对外开放

第一，上级国家机关根据国家的民族贸易政策和民族自治地方的需要，对民族自治地方的商业、供销和医药企业，从投资、金融、税收等方面给予扶持。

---

6 李亚楠：《从因矿而生到因矿重生》，载《人民日报》2021年7月10日，第5版。

第二，国家制定优惠政策，扶持民族自治地方发展对外经济贸易，扩大民族自治地方生产企业对外贸易经营自主权，鼓励发展地方优势产品出口，实行优惠的边境贸易政策。

中国沿边开发开放水平不断提高。这里，不妨看看中国（云南）自由贸易试验区红河片区的情况。云南省红河哈尼族彝族自治州河口瑶族自治县与越南老街隔河相望。2019 年 8 月 30 日，中国（云南）自由贸易试验区红河片区在河口挂牌落地，当地充分发挥制度创新优势，在全国率先实行电子税费支付，首创“跨境电商 + 边民互市”转型升级创新模式，出口物流成本降低 29%。从 2012 年 11 月中国共产党第十八次代表大会至 2022 年 6 月，边疆地区积极服务和融入共建“一带一路”，设有边境经济合作区 17 个，跨境经济合作区 2 个，重点开发开放试验区 9 个，自由贸易试验区（片区）5 个。“十三五”期间，边境（跨境）经济合作区共实现进出口总额近 6300 亿元、年均增长 9.2%，实现就业 18.5 万人。[7]

延伸阅读　新疆从相对封闭的内陆变成对外开放的前沿

伴随着中国扩大对外开放、西部大开发、共建“一带一路”等深入推进，新疆对外开放水平不断提高。

2014 年 4 月，习近平总书记在考察新疆时指出，“新疆在建设丝绸之路经济带中具有不可替代的地位和作用”。紧接着，中央政治局会议提出，着力打造新疆丝绸之路经济带核心区。2020 年 9 月，习近平总书记在第三次中央新疆工作座谈会上指出，要发挥新疆区

7　姜洁：《万里边疆展新颜——党的十八大以来边疆地区发展成就综述》，载《人民日报》2022 年 6 月 17 日，第 2 版。

位优势，以推进丝绸之路经济带核心区建设为驱动，把新疆自身的区域性开放战略纳入国家向西开放的总体布局中，丰富对外开放载体，提升对外开放层次，创新开放型经济体制，打造内陆开放和沿边开放的高地。

遵循习近平总书记指引，近年来，新疆加快推进丝绸之路经济带核心区高质量发展，构建陆海内外联动、东西双向互济的高水平对外开放格局：

第一，畅通国际物流大通道。2014 年至 2021 年，新疆累计开行中欧班列 5666 列，开行 23 条线路，通达亚欧 19 个国家、26 个城市，运载货物 200 多个品类，形成了多点始发、多地运行、多点到达班列开行格局。

第二，融合高水平开放政策。喀什综合保税区内，满载货物的车辆来回穿梭，毗邻的喀什国际航空货运区建设项目已初具雏形。未来，航空货运与综合保税将实现政策叠加相融。乌鲁木齐海关数据显示，今年前 5 个月，喀什综保区进出口额达 46.2 亿元，同比增长 612.6%。

第三，着力打造口岸经济带。新疆拥有经国家批准的对外开放口岸 20 个，其中阿拉山口、霍尔果斯是集铁路、公路、管道运输三位于一体的对外开放口岸，已成为中欧班列在新疆进出境的主要口岸。2021 年新疆跨境电商进出口 20.7 亿元，增长 152.4%；今年 1—6 月跨境电商进出口 21.2 亿元，同比增长 247.5%，超去年全年规模。——摘自姜洁、李昌禹、杨昊、李亚楠：《情满天山　硕果累累》，《人民日报》2022 年 7 月 19 日，第 1 版。

（七）加大财政转移支付力度

随着国民经济的发展和财政收入的增长，上级财政逐步加大对民族自治地方财政转移支付力度。通过一般性财政转移支付、专项财政转移支付、民族优惠政策财政转移支付以及国家确定的其他方式，增加对民族自治地方的资金投入，用于加快民族自治地方经济发展和社会进步，逐步缩小与发达地区的差距。

（八）扶持发展地方工业

上级国家机关在投资、金融、税收等方面扶持民族自治地方改善农业、牧业、林业等生产条件和水利、交通、能源、通信等基础设施。扶持民族自治地方合理利用本地资源发展地方工业、乡镇企业、中小企业以及少数民族特需商品和传统手工业品的生产。

（九）照顾民族自治地方的利益

第一，国家在民族自治地方开发资源、进行建设的时候，应当照顾民族自治地方的利益，作出有利于民族自治地方经济建设的安排，照顾当地少数民族的生产和生活。国家采取措施，对输出自然资源的民族自治地方给予一定的利益补偿。

第二，国家引导和鼓励经济发达地区的企业按照互惠互利的原则，到民族自治地方投资，开展多种形式的经济合作。

（十）加强生态环境保护

第一，上级国家机关应当把民族自治地方的重大生态平衡、环境保护的综合治理工程项目纳入国民经济和社会发展计划，统一部署。

第二，民族自治地方为国家的生态平衡、环境保护作出贡献的，国家给予一定的利益补偿。

第三，任何组织和个人在民族自治地方开发资源、进行建设的时候，要采取有效措施，保护和改善当地的生活环境和生态环境，防治污染和其他公害。

（十一）扶助企业事业单位

第一，上级国家机关隶属的在民族自治地方的企业、事业单位依照国家规定招收人员时，优先招收当地少数民族人员。

第二，在民族自治地方的企业、事业单位，应当尊重当地自治机关的自治权、遵守当地自治条例、单行条例和地方性法规、规章，接受当地自治机关的监督。

第三，上级国家机关非经民族自治地方自治机关同意，不得改变民族自治地方所属企业的隶属关系。

2019 年 9 月 27 日，习近平总书记在全国民族团结进步表彰大会上指出：做好新形势下民族工作，“要夯实基层基础，推动党政机关、企事业单位、民主党派、人民团体一起做好民族工作。要重视民族工作干部队伍建设，大力培养选拔少数民族干部和各类人才，支持民族工作部门更好履职尽责”。[8]

五、上级国家机关和民族自治地方自治机关的共同职责

根据现行《宪法》和《民族区域自治法》的规定，上级国家机关和民族自治地方自治机关承担的共同职责，主要有以下几个方面。

---

8 习近平：《论坚持人民当家作主》，中央文献出版社 2021 年版，第 280 页。

第一，民族自治地方的人民政府对本级人民代表大会和上一级国家行政机关负责并报告工作，在本级人民代表大会闭会期间，对本级人民代表大会常务委员会负责并报告工作。各民族自治地方的人民政府都是国务院统一领导下的国家行政机关，都服从国务院。

第二，民族自治地方的自治机关根据社会主义建设的需要，采取各种措施从当地民族中大量培养各级干部、各种科学技术、经营管理等专业人才和技术工人，充分发挥他们的作用，并且注意在少数民族妇女中培养各级干部和各种专业技术人才。民族自治地方的自治机关录用工作人员的时候，对实行区域自治的民族和其他少数民族的人员应当给予适当的照顾。民族自治地方的企业、事业单位依照国家规定招收人员时，优先招收少数民族人员，并且可以从农村和牧区少数民族人口中招收。民族自治地方的自治机关自主地发展民族教育，扫除文盲，举办各类学校，普及九年义务教育，采取多种形式发展普通高级中等教育和中等职业技术教育，根据条件和需要发展高等教育，培养各少数民族专业人才。

第三，民族自治地方的自治机关为少数民族牧区和经济困难、居住分散的少数民族山区，设立以寄宿为主和助学金为主的公办民族小学和民族中学，保障就读学生完成义务教育阶段的学业。办学经费和助学金由当地财政解决，当地财政困难的，上级财政应当给予补助。

第四，招收少数民族学生为主的学校（班级）和其他教育机构，有条件的应当采用少数民族文字的课本，并用少数民族语言讲课；根据情况从小学低年级或者高年级起开设汉语文课程，推广全国通用的普通话和规范汉字。

第五，民族自治地方的自治机关教育和鼓励各民族的干部互相学习语言文字。汉族干部要学习当地少数民族的语言文字，少数民族干部在学习、使用本民族语言文字的同时，也要学习全国通用的普通话和规范文字。民族自治地方的国家工作人员，能够熟练使用两种以上当地通用的语言文字的，应当予以奖励。

第六，上级国家机关应当帮助、指导民族自治地方经济发展战略的研究、制定和实施，从财政、金融、物资、技术和人才等方面，帮助各民族自治地方加速发展经济、教育、科学技术、文化、卫生、体育等事业。

第七，国家制定优惠政策，引导和鼓励国内外资金投向民族自治地方。上级国家机关在制定国民经济和社会发展计划的时候，应当照顾民族自治地方的特点和需要。

第八，上级国家机关帮助民族自治地方从当地民族中大量培养各级干部、各种专业人才和技术工人；根据民族自治地方的需要，采取多种形式调派适当数量的教师、医生、科学技术和经营管理人员，参加民族自治地方的工作，对他们的生活待遇给予适当照顾。上级国家机关应当对各民族的干部和群众加强民族政策的教育，经常检查民族政策和有关法律的遵守和执行。

第七章
中国民族区域自治制度的成功实践

环顾全球，中国的民族区域自治制度是独树一帜，《民族区域自治法》也是独一无二的。这是中国共产党领导中国人民为解决民族问题的伟大创造，在中国取得巨大成功，也为人类贡献了中国智慧和中国方案。中国民族区域自治制度在实践中推动了民族自治地方各项事业的历史性发展，取得历史性成就。党的十九届四中全会把“坚持各民族一律平等，铸牢中华民族共同体意识，实现共同团结奋斗、共同繁荣发展”明确为中国国家制度和国家治理体系的显著优势之一。经过 70 多年的努力，如今中国民族自治地方的各族人民，生存和生活环境明显改善，经济和各项社会事业迅速发展，民族自治地方的各族人民与全国人民一道，分享着国家现代化建设带来的发展成果。

一、全面实施了民族区域自治法律制度

民族区域自治制度是中国的一项基本政治制度。坚持和完善这一基本政治制度，必须坚持全面依法治国基本方略，以现行《宪法》为根据，全面贯彻落实《民族区域自治法》。

（一）加强民族立法工作，形成并不断完善中国特色社会主义民族法律法规体系

中国是一个统一的多民族国家，用法治方式解决民族问题、开展

民族工作，是中国共产党和国家一贯的方针。《民族区域自治法》是实施《宪法》规定的民族区域自治制度的第一部专门法律，是国家保障少数民族和民族地区各项权利的基本法律，是中国民族工作实现法治化的重要保障，是坚持全面依法治国基本方略的重要体现。

1949 年 9 月，具有临时宪法性质和地位的《共同纲领》，就明确规定中国实行民族区域自治。1952 年，中央人民政府依据党的民族政策和《共同纲领》规定，颁布《民族区域自治实施纲要》，对民族自治地方的建立、自治机关的组成和自治机关的自治权利等方面重要问题作了明确规定，这是党的民族政策法制化的最初实践。1954 年 9 月，一届全国人大一次会议把民族区域自治制度写入《中华人民共和国宪法》，进一步明确了民族区域自治制度法律地位。

进入改革开放新时期，中国民族事业迎来了又一个春天。1981 年，党的十一届六中全会通过的《关于建国以来党的若干历史问题的决议》强调，必须坚持实行民族区域自治，加强民族区域自治法制建设，保障各少数民族地区根据本地区实际情况贯彻执行党和国家政策的自主权。1982 年，五届全国人大五次会议通过的现行《宪法》重新确立了中国的民族方针政策，全面恢复 1954 年《宪法》有关该制度的原则和主要内容，还根据新情况增加规定新的内容，进一步在宪法上完善了民族区域自治制度。

1984 年 5 月，六届全国人大二次会议通过的《民族区域自治法》，标志着中国实行民族区域自治在法制化轨道上迈出了重要一步。为适应社会主义市场经济体制和实施西部大开发的要求，2001 年 2 月，九届全国人大常委会第二十次会议对《民族区域自治法》作了修改完善，其中最主要的内容就是在法律上把民族区域自治制度正式确立为国家的一项基本政治制度。

第一，民族平等、民族团结和各民族共同繁荣是中国共产党处理民族问题的基本原则，也是贯穿《民族区域自治法》的基本原则和基本精神。《民族区域自治法》集中体现了党的民族政策，在法律上进一步落实了民族平等原则，规定：各民族都有平等参与国家事务管理的权利，各民族都有使用和发展本民族语言和文字的权利，国家保障少数民族公民在受教育、就业等方面的平等权利。国家尊重和保障少数民族宗教和信仰自由的权利。

第二，《民族区域自治法》明确规定，促进各民族团结，即“上级国家机关和民族自治地方的自治机关维护和发展各民族的平等、团结、互助的社会主义民族关系。禁止对任何民族的歧视和压迫，禁止破坏民族团结和制造民族分裂的行为”。

第三，《民族区域自治法》还明确规定，帮助各民族自治地方加速发展经济、教育、科学技术、文化、卫生、体育等事业，要求各级国家机关制定优惠政策，引导和鼓励国内外资金投向民族自治地方，各级国家机关在制定国民经济和社会发展计划的时候，应当照顾民族自治地方的特点和需要。这为促进民族地区经济社会发展，实现各民族共同繁荣提供了重要制度保证。

与此同时，全国人大及其常委会还在其他法律中对民族问题和民族地区作出相应规定。这当中很重要的是，2021 年 10 月 23 日，十三届全国人大常委会第三十一次会议表决通过的《中华人民共和国陆地国界法》（以下简称陆地国界法），自 2022 年 1 月 1 日起施行。陆地国界法明确，国家采取有效措施，加强边防建设，支持边境经济社会发展和对外开放，提高边境公共服务和基础设施建设水平，改善边境生产生活条件，鼓励和支持边民在边境生产生活，推进固边兴边富民行动，促进边防建设与边境经济社会协调发展。国务院制定有关民族问题的行政法规，特别是2005年，国务院颁布了《实施〈中华人民共和国民族区域自治法〉若干规定》。这是实施《民族区域自治法》的第一部行政法规。国家民族事务委员会等还制定了有关民族问题的部门规章。各地方依法制定了自治条例和单行条例、有关地方性法规以及行政规章等规范性文件。

以现行《宪法》为核心，以《民族区域自治法》为主干，中国特色社会主义民族法律法规体系已经形成并不断完善。这既是坚持和完善民族区域自治制度的重要制度成果，也为实行民族区域自治提供了有力法治保障，依法促进了民族事业健康有序发展。

延伸阅读　中国特色社会主义民族法律法规体系

截至目前，中国现行有效的法律中，有90余部法律对民族问题作了规定；民族自治地方结合各自实际，制定了139件自治条例和900余件单行条例。[1]

（二）加强法律实施工作，确保各族公民在法律面前人人平等

实践中，行政机关、监察机关、检察机关、审判机关等将《民族区域自治法》的规定落到实处，确保民族事务治理在法治轨道上运行。

第一，坚持一视同仁、一断于法，依法妥善处置涉民族因素的案件事件，保证各族公民平等享有权利、平等履行义务。特别是，对各种渗透颠覆破坏活动、暴力恐怖活动、民族分裂活动、宗教极端活动，

1　摘自白春礼：《推进新时代人大民族工作高质量发展》，载《求是》2022年第5期，第49页。

严密防范、坚决打击。

延伸阅读　新疆连续5年未发生暴力恐怖案件，反恐去极端化措施成效显著

过去一个时期，新疆深受民族分裂势力、宗教极端势力、暴力恐怖势力的叠加影响，恐怖袭击事件频繁发生。据不完全统计，自1990年至2016年年底，“三股势力”在新疆等地共制造了数千起暴力恐怖案（事）件，造成大量无辜群众被害，数百名公安民警殉职，财产损失无法估算。在这样严峻复杂的反恐形势面前，为了最大限度保障各族人民的生命权、健康权、发展权等基本权利，中国采取了一系列坚决有力、行之有效的反恐去极端化措施，遏制了新疆暴恐活动多发频发势头，实现了连续5年未发生暴力恐怖案件的显著成效，为国际反恐斗争作出了积极贡献。2021年11月17日，新疆维吾尔自治区人民政府发言人徐贵相在北京介绍说：“依法对任何宣扬恐怖主义、极端主义，组织策划实施恐怖活动、侵犯公民人权的行为进行严厉打击，并借鉴吸收国际社会反恐经验，探索通过去极端化的方式，从源头上消除恐怖主义威胁，为国际反恐斗争作出了积极贡献。”[2]

第二，人大履职尽责，推动《民族区域自治法》全面贯彻实施。全国人大常委会开展《民族区域自治法》执法检查，全国人大民族委员会开展专题调研、办理人大代表议案建议，推动党中央有关决策部

2　摘自苑基荣：《“我非常珍惜现在安定祥和的幸福生活”》，载《人民日报》2021年11月18日第2版。

署落地见效，推动法律有效实施。

（三）进一步提升民族事务治理法治化水平

在新时代，做好党的民族工作，实行民族区域自治，必须全面贯彻落实习近平总书记关于加强和改进民族工作的重要思想，必须认真贯彻落实习近平法治思想，坚持全面依法治国基本方略，提升民族事务治理法治化水平。2021 年 8 月，习近平总书记在中央民族工作会议上的重要讲话中强调，必须坚持和完善民族区域自治制度，确保党中央政令畅通，确保国家法律法规实施，必须坚持依法治理民族事务，推进民族事务治理体系和治理能力现代化。

第一，要坚持以现行《宪法》为根据，围绕铸牢中华民族共同体意识这一主线，推进涉民族事务法律法规的立、改、废、释等工作，进一步健全民族法律法规体系。

第二，坚持依法治理民族事务。《法治社会建设实施纲要（2020—2025 年）》提出，要“推进社会治理法治化”，其中，明确要求“依法妥善处置涉及民族、宗教等因素的社会问题”，促进民族关系、宗教关系和谐。

二、有效维护了国家的统一和边疆的稳定

中国是一个统一的多民族的国家，除了汉族以外，有 55 个少数民族。汉族人口占总人口的 90% 以上，其余 55 个少数民族总人口不到全国总人口的十分之一。但是，少数民族分布地区很广泛，区域面积很大，占全国总面积的 50%—64%，而且资源十分丰富。同时，中

国 2 万多公里的陆地边防线几乎都在少数民族地区，战略地位十分重要。中国 5 个自治区、30 个自治州、120 个自治县（旗），主要分布在中西部地区、边疆地区。民族地区在巩固民族团结、维护国家安全、保障边疆安全稳定等方面，担负着重要使命任务。坚持和实行民族区域自治制度，全面贯彻实施《民族区域自治法》，有力维护了国家的统一、社会的稳定、边疆的安全和经济的发展。

金句

全党要牢记中国是统一的多民族国家这一基本国情，坚持把维护民族团结和国家统一作为各民族最高利益。[3]

（一）有力维护领土完整、国家统一

民族区域自治制度的最根本特点，就是以领土完整、国家统一为前提和基础。实行民族区域自治，是在国家统一领导下的自治，各民族自治地方都是中国不可分离的一部分，民族自治地方的自治机关都是中央政府领导下的一级地方政权，都必须服从中央统一领导。

中国现行《宪法》明确规定："各少数民族聚居的地方实行区域自治，设立自治机关，行使自治权。各民族自治地方都是中华人民共和国不可分离的部分。"这两句话，缺一不可。没有国家的集中统一，就谈不上民族区域自治；脱离国家集中统一，就不是我们所要实行的民族区域自治。事实上，没有国家的统一领导，没有国家的授权，民族自治地方的自治权也就失去了合法性基础。

民族自治地方的自治机关行使宪法规定的地方国家机关的职权，同

3　习近平：《论坚持人民当家作主》，中央文献出版社 2021 年版，第 105 页。

时依照《宪法》和《民族区域自治法》等法律规定行使自治权，根据本地方的实际情况贯彻执行国家的法律、政策。同时，上级国家机关保障民族自治地方的自治机关行使自治权。总之，民族区域自治制度是在维护国家统一的前提下保障少数民族权利、处理民族问题的一种政治制度。

（二）有力维护边疆稳定

边疆稳，国家安。中国民族区域自治制度体现了统一与自治的结合、民族因素与区域因素的结合。统一与自治结合、民族因素与区域因素结合，符合中国各民族大杂居、小聚居的人口分布格局，各地区资源条件和发展的差距，这是实行民族区域自治的现实条件。这区别于世界一些国家和地区的地方自治，中国民族区域自治不是民族自治，也不是地方自治，而是二者的结合，这一制度能够把国家的集中统一与少数民族聚居地区的区域自治有机结合起来。

三、有力保障了少数民族人民当家作主的权利

在中国，民族区域自治制度是一项基本政治制度，也是人民当家作主制度体系的重要组成部分。实行民族区域自治，从制度和政策层面保障了少数民族公民享有平等自由权利以及经济、社会、文化、生态环境等方面权利。

（一）充分体现民主原则

中国现行《宪法》明确规定，国家的一切权力属于人民。民族区域自治是中国社会主义民主的重要内容，民族区域自治制度是中国的一项基本政治制度，体现了全国各族人民的共同意志。同时，按照民主的原则，设立并管理民族自治地方。

实行民族区域自治，实现了少数民族行使参与对国家和社会事务的民主管理，实现经济、政治、社会、文化和生态环境等方面权利。

（二）充分体现平等原则

中国现行《宪法》第四条规定："中华人民共和国各民族一律平等。"各民族不论人口多少，都享有平等的权利。

按照民族平等原则，建立民族自治地方。例如，人口有一千多万的民族和人口只有几千人的民族，都依法建有民族自治地方，同时，还建有近 1000 个民族乡作为民族自治地方的重要补充。

与此同时，民族自治地方的自治机关，保障本区域内的各民族享有平等的权利。

（三）保障各少数民族行使自治权

现行《宪法》和《民族区域自治法》赋予民族自治地方的自治权，自主地管理本地区本民族的内部事务，这些制度规定，都得到有效保障和实现。

延伸阅读　拥抱自由：西藏农奴翻身做了国家和社会的主人

春到拉萨，小昭寺附近的吉崩岗社区里桃花盛开。这里曾经是旧西藏贵族的庄园领地，如今已成为 900 多户普通居民的家园。

86 岁的仁增老人在这里已生活了 62 年。62 年前的 3 月 28 日，党中央领导西藏各族人民进行民主改革，废除了政教合一的封建农奴制，人奴役人的历史就此在高原终结。

62 年前，年轻的仁增摆脱了农奴身份。她用劳动换来的，不再是填不饱肚子的一小捧糌粑，而是属于自己的劳动报酬，以及用勤劳双手创造光明未来的可能。

62 年间，挣脱了腐朽制度羁绊的西藏，已站上了新的历史起点，向着新征程启航。

拥抱自由

废除封建农奴制，进行民主改革，实现了西藏社会制度的伟大变革。

79 岁的山南市克松社区居民洛桑卓玛，经常会驻足仰望刻在社区门楼上的那行字——“西藏民主改革第一村 · 克松”。

60 多年前，同样位置悬挂着的不是社区的名字，而是一根冰冷的法杖。

“在旧西藏，克松是农奴主管辖的庄园，法杖就是农奴主司法特权的象征”。洛桑卓玛哽咽道，那时，农奴主“公堂”上的刑具，曾是无数农奴的噩梦。

据统计，民主改革前，占总人口不足 5% 的三大领主（官家、贵族、寺院及上层僧侣）及其代理人，占有了西藏 99.7% 的土地。而占人口 95% 的农奴却没有生产资料和人身自由。

“小时候最深刻的记忆就是饿，从没吃饱过”。71 岁的昌都市左贡县旺达镇列达村老人洛松朗加说，民主改革前，他的爷爷负责给农奴主家打猎。一次，因为收获不好，农奴主当着家人的面把爷爷吊起来打了 100 大板，当场把爷爷打昏了过去。

“直到解放军来了，才把爷爷身上的伤治好。”洛松朗加说。

1951 年，西藏和平解放。考虑到特殊的历史情况，中央人民政府决定对西藏的政治制度暂时不予变更。1959 年 3 月，西藏地方政府和上层反动集团发动武装叛乱。中国共产党顺应历史潮流和西藏人民的愿望平定叛乱，并领导各族人民开始民主改革。

“12 亩地、一匹马和 5 头牛，我记得清清楚楚”！洛松朗加至今记得一家七口人第一次分到土地时的喜悦，“自己的牛，自己的地，收成都是自己的”。

“长期被当作‘会说话的牛马’的农奴和奴隶，从此成为了真正意义上的‘人’”。西藏社科院原党委书记孙勇在《西藏：思考的维度》中写道，“民主改革的胜利，实现了西藏社会历史进程的伟大跨越”。[4]

（四）各民族实现共同当家作主

在中国共产党领导下，全国各族人民共同反对任何民族压迫和歧视，慎重稳进实施民族地区民主改革和社会主义改造，引导各族人民走上社会主义道路，各民族平等参与国家事务，全国人大代表包含各民族代表，全国政协设立少数民族界别，形成和发展了平等团结互助和谐的社会主义民族关系。邓小平同志说过：“我们的民族政策是正确的，是真正的民族平等。我们十分注意照顾少数民族的利益。中国一个很重要的特点就是没有大的民族纠纷。”[5] 国家保障少数民族公民享有平等自由权利和经济、社会、文化权利，帮助各少数民族地区加速经济和文化发展，既保证了国家团结统一，又实现了各民族共同

4　节选自王沁鸥、陈尚才、王泽昊、张兆基：《从制度的新生到发展的跨越》，载《光明日报》2021 年 3 月 29 日。

5　《邓小平文选》第三卷，人民出版社 1993 年版，第 362 页。

当家作主，这在西藏体现得最为明显。2019 年 6 月 14 日，国家主席习近平在向“2019·中国西藏发展论坛”致贺信中充分肯定了西藏和平解放特别是民主改革以来取得的巨大成就，指出“在中国共产党领导下，短短几十年，西藏实现了历史上最广泛最深刻的社会变革，百万农奴翻身解放，成为国家和社会的主人。在中央政府和全国人民大力支持下，西藏人民团结奋斗，把贫穷落后的旧西藏建设成了经济文化繁荣、社会全面进步、生态环境良好、人民生活幸福的新西藏”。[6] 这是国际公认的一个事实。回望历史，我们可以发现，民主改革是西藏历史上最伟大最深刻的社会变革，是真正造福西藏各族人民的伟大壮举，为西藏开辟了光明的发展前景。令人遗憾的是，“西方刻意忽视的西藏民主改革：百万农奴得解放”。西方很少甚至从未公开讨论过 1959 年以前的西藏，对藏区过去落后的社会生产制度充耳不闻。[7]

延伸阅读　西藏的民主改革和百万农奴解放

2022 年是西藏民主改革和百万农奴解放 63 周年，也是“西藏百万农奴解放纪念日”设立 13 周年。

世代生活在农奴制枷锁下、长期被当作“会说话的牛马”的农奴和奴隶，从 1959 年开始第一次拥抱了自由，成为真正意义上的“人”。

6《习近平向“2019·中国西藏发展论坛”致贺信》，《人民日报》2019 年 6 月 15 日。

7 伊莱亚斯·贾布尔（Elias Jabbour）：《西方刻意忽视的西藏民主改革：百万农奴得解放》，国际在线 2022-03-28，https://baijiahao.baidu.com/s?id=1728534600332421848&wfr=spider&for=pc。访问日期：2022 年 7 月 28 日。

▲ 解放前克松庄园的奴隶。这张老照片拍摄于62年前，拍摄地是在有着“西藏民主改革第一村”之称的克松庄园。象征农奴主司法特权的法杖被取下，不公平的地契被烧毁，获得解放的农奴们欢欣鼓舞。来源中国民族报编写组：《百万农奴翻身解放：西藏历史上最广泛最深刻的社会变革》，《中国民族报》2021年8月3日，第5版。

旧西藏处于政教合一的封建农奴制统治之下，占人口不足5%的三大领主及其代理人几乎占有西藏全部耕地、牧场、森林、山川、河流、河滩以及大部分牲畜。占人口95%的农奴和奴隶没有生产资料和人身自由，遭受着沉重的赋税、乌拉差役和高利贷盘剥，过着牛马不如的生活。

1951年，新中国成立后，西藏地方政府上层反动集团不顾广大人民要求改革的强烈愿望，却企图永远保留封建农奴制，他们勾结帝国主义，纠集叛匪，于1959年3月发动全面武装叛乱，撕毁《十七条协议》。中央人民政府果断采取措施，与西藏人民一道平息叛乱。彻底废除封建农奴制的民主改革运动就此西藏拉开帷幕，并轰轰烈烈地开展起来。

1959 年 6 月 6 日，克松村 302 名衣衫褴褛的农奴第一次举起双手，选出西藏第一个农民协会筹委会；12 月，克松村成立西藏第一个农村基层党支部。以克松村为原点，民主改革把自由与平等带到了雪域高原的每个角落。百万农奴冲破了农奴制桎梏，第一次获得当家作主的权利，成为自己命运的主人，迎来了人人生而平等的伟大时代。

1961 年，西藏各地开始实行普选，选举产生西藏各级人民政权。1965 年 8 月，西藏县乡人大选举工作完成。9 月，西藏一届人大一次会议在拉萨开幕，西藏自治区及其人民政府宣告成立。西藏开始实行民族区域自治制度，通过农牧业社会主义改造，走上社会主义发展道路。

2009 年 1 月，西藏自治区九届人大二次会议作出决定，将每年的 3 月 28 日设为“西藏百万农奴解放纪念日”。

在中国，实行民族区域自治制度，极大增强了各族人民当家作主的自豪感责任感，充分调动了各族人民共创中华民族美好未来、共享中华民族伟大荣光的积极性主动性创造性。正是由于坚持和完善这一基本政治制度，中华民族大团结的局面不断巩固，各族人民交往交流交融日益广泛深入，平等团结互助和谐的社会主义民族关系不断发展，56 个民族像石榴籽一样紧紧抱在一起，中华民族共同体意识日益牢固。在新时代新征程上，要以习近平新时代中国特色社会主义思想为指导，全面贯彻落实党的二十大精神，以铸牢中华民族共同体意识为主线，坚定不移走中国特色解决民族问题的正确道路，认真实施宪法法律规定，坚持和完善民族区域自治制度，全面推进民族团结进步事业。

四、巩固发展了平等、团结、互助、和谐的社会主义民族关系

长期以来，中国共产党和国家十分重视巩固、发展平等团结互助和谐的社会主义民族关系，在 1954 年就将“禁止对任何民族的歧视和压迫，禁止破坏各民族团结的行为”写入了新中国第一部宪法。与此同时，党和国家在保障各民族都有使用和发展自己的语言文字的自由权利的同时，推广全国通用的普通话，为各民族之间的交流创造了良好的条件；在贯彻宗教信仰自由的同时积极引导宗教与社会主义社会相适应，为各民族之间的交往交流交融打下了坚实的基础。习近平总书记对此有过精辟的论述：“加强各民族交往交流交融，尊重差异、包容多样，让各民族在中华民族大家庭中手足相亲、守望相助。”[8]

金句

民族团结是中国各族人民的生命线[9]

（一）民族团结就是各族人民的生命线

党和国家历来十分重视民族团结。毛泽东同志曾郑重指出：国家

---

8 习近平：《论坚持人民当家作主》，中央文献出版社 2021 年版，第 106 页。

9 习近平：《论坚持人民当家作主》，中央文献出版社 2021 年版，第 106 页。

的统一，人民的团结，国内各民族的团结，这是我们的事业必定要胜利的基本保证。习近平总书记多次强调民族团结的重要性，将其视为各族人民的生命线。

中国的基本国情决定了民族团结就是各族人民的生命线。中国是一个统一的多民族国家，民族团结是维系大一统局面的重要历史经验。鸦片战争以后，西方列强把破坏中国的民族团结作为其侵略、扰乱中国的重要手段。虽然中国历史上不同民族之间曾经出现了不少冲突，但和平交往仍是主流，并留下了昭君出塞、文成公主入藏等佳话。正因为如此，中国各个民族经过漫长的历史变迁之后，在分布上交错杂居、文化上兼收并蓄、经济上相互依存、情感上相互亲近，并形成了你中有我、我中有你，谁也离不开谁的多元一体格局。中国共产党更是在历史的基础上，大力发展平等、团结、互助、和谐的社会主义民族关系。

社会主义政权建立之后，一些国家不断挑拨不同民族之间的关系，企图扰乱中国的发展和稳定。当前，一些欧美国家在民族、宗教领域出现了很多问题乃至社会被撕裂，纵然如此，他们仍不忘指手划脚和挑拨离间。因此，坚持民族团结既是继承中国历史上优秀传统的时代要求，也是防范和化解国外敌对势力挑拨的必然选择。

改革开放之后各民族出现跨区域大流动，有超过 2000 万的少数民族群众到中东部经商、务工，也有不少内地的汉族群众到边疆地区寻求发展，这些流动就整体而言有利于各族群众增进交流、促进感情，但中国是一个多民族、多宗教的国家，不可避免地会因为种种原因出现一些隔阂乃至摩擦。由于现代社会信息扩散速度快、民众维权意识强，不能排除一些小事件在诸多因素的作用下影响全国的可能。这就对民族团结事业提出了新的要求。尤其值得注意的是，虽然宪法明确规定“禁止对任何民族的歧视和压迫，禁止破坏民族团结和制造民族分裂的行为”“中华人民共和国公民有维护国家统一和全国各民族团结的义务”，但在一些不稳定事件发生后，社会上出现了一些歧视或变相歧视少数民族群众、伤害民族感情的言行，这无疑妨碍了民族团结。在 2014 年中央民族工作会议上，习近平总书记特别强调，“注重保障各民族合法权益，坚决纠正和杜绝歧视或变相歧视少数民族群众，引导流入城市的少数民族群众自觉遵守国家法律和城市管理规定，让城市更好接纳少数民族群众，让少数民族群众更好融入城市”[10]。

延伸阅读

近年来欧美一些国家民族领域的巨大纷争足显这一论断的高瞻远瞩。相比之下，没有对民族团结给以高度重视的西方国家则出现了不少民族问题。不少国家起初多坚持同化政策，在同化政策难以实施时往往又为了多元而多元，这又引起了反弹，最后导致排外主义回潮。例如，美国过去采用同化政策，提倡“大熔炉”（Melting Pot），但遭到多方抵制。后来“沙拉碗”（salad bowl）逐渐形成，不同族裔保持原有的文化，不过问题也随之而来：由于对民族团结重视不够等原因，族裔之间的歧视与隔阂现象一直没有得到有效消除，种族冲突时有发生，虽然非洲裔的奥巴马分别在 2008、2012 年当选总统，但 2014、2015 年美国出现多起因警察射杀黑人引发的骚乱；一些族裔之间特别是其主流信仰有较大差异的族裔之间的张力一直得不到很好解决，排外主义由此回潮。虽然美国一度被一些学者称之为民族政策的

10 习近平：《论坚持人民当家作主》，中央文献出版社 2021 年版，第 108 页。

典范，但力主排外的特朗普却在一片反对声中当选总统并颁布一系列具有强烈排外色彩的政策。

2021 年 3 月，习近平总书记参加十三届全国人大四次会议内蒙古代表团的审议时强调："新中国成立后，内蒙古创造了'齐心协力建包钢''三千孤儿入内蒙'等历史佳话。在党史学习教育中要用好这些红色资源。"

故事　三千孤儿入内蒙：一段流淌着民族大爱的共和国往事

1959 年到 1961 年，全国面临严重经济困难，上海、江苏、安徽等地被政府收养的几千名孤儿因为粮食不足，面临营养不良的威胁。这些幼小的孩子该怎么办？党和国家决定把他们送到牛奶和肉食相对充足的内蒙古草原。

从 1960 年到 1963 年，内蒙古先后接纳了 3000 多名孤儿，这些孤儿被称为"国家的孩子"。当时，内蒙古也经受着困难时期的严峻考验，但内蒙古各族群众主动担起这份国家责任。年迈的额吉（蒙古语，意为母亲）、中年妇女、新婚夫妇，有的骑着马，有的赶着勒勒车，有的长途跋涉，争先恐后前来收养这些孤儿。

当时，为了更好地保障幼儿的健康和安全，内蒙古自治区的育婴院招收和训练了一批保育员，她们主要是一群具有一定文化程度、身体健康的青壮年妇女。

这些年轻的姑娘们成了孩子的"额吉"，她们尽职尽责、全心全意地照顾着孩子们。都贵玛就是其中一员。

1961 年，年仅 19 岁的乌兰察布盟（现乌兰察布市）四子王旗脑木更苏木牧民都贵玛被分配到四子王旗保健站，抚养旗里刚刚接收的28名“国家的孩子”。这些孩子最小的刚刚满月，最大的也才6岁。都贵玛用温柔的爱和宽广的胸怀，给了孩子们一个温暖的家。从喂奶喂饭到卫生护理，她常常不眠不休；孩子生病了，她冒着凛冽寒风和被草原饿狼围堵的危险，深夜骑马奔波几十里去找医生。在她的悉心照料下，28个孩子没有一个因病致残，更无一人夭折，在那个缺医少药、经常挨饿的年月，堪称奇迹。就这样，“草原额吉”用自己的大爱，践行了“接一个、活一个、壮一个”的承诺。

60年过去了，当年的孩子们如今都事业有成、儿女相伴，而草原“额吉”们在岁月长河中渐渐老去，但“额吉”们的恩情孩子们永记心间、没齿难忘。这段镌刻在历史丰碑之上、流淌着民族大爱的共和国往事，也一直在流传。

2019年9月，自己没有儿女、却养育了28名“国家的孩子”的都贵玛被授予“人民楷模”国家荣誉称号。她的颁奖词是：“民族团结进步模范的代表，用半个世纪的真情付出，诠释了人间大爱。”都贵玛说：“内蒙古的母亲们抚养了‘国家的孩子’，这是历史的丰碑，也是促进民族团结、共患难的一段历史。”

在物资极度匮乏的年代，草原母亲付出了巨大的努力和牺牲，以大爱无疆的博大胸怀接纳了孩子们；如今，这些“国家的孩子”已经深深融入了自己生长的草原，与草原各族人民像石榴籽一样紧紧拥抱在一起，休戚与共。

“国家的孩子”敖德巴拉，意为“菊花”，这朵“菊花”是善良的鄂温克老人高力根、南吉勒玛夫妇用血汗一点一点浇灌出来的。当年，为了保住敖德巴拉一条得了骨结核的腿，老人卖掉了牛羊、马匹，以及心爱的雕花马鞍，给孩子治病。长大后，敖德巴拉成了草原上牧民的贴心人，她会讲汉、蒙古、鄂温克、达斡尔等多种语言，谁有困难都喜欢找她讲一讲。这位全国三八红旗手、全国优秀共产党员、五一劳动奖章获得者，用拳拳赤子之心回报了养育她的土地和人民。

2020 年，当新冠肺炎疫情肆虐湖北之时，在内蒙古，61 岁的梁引梅和她的 91 名兄弟姐妹以“国家的孩子”的名义为抗击疫情捐款。他们说：“60 年前，国家给我第二次生命，草原抚育我成长。疫情当前，应尽微薄之力，回报祖国母亲。”[11]

新时代，进一步巩固和发展平等团结互助和谐的社会主义民族关系，需要做到以下几点：

第一，深入持久开展民族团结宣传教育活动，深入进行马克思主义祖国观、民族观、宗教观教育，深入进行爱国主义、集体主义、社会主义教育，大力宣传“三个离不开”思想[12]，引导各族干部群众正确认识民族和国家的关系，自觉维护国家最高利益，自觉维护民族团结。深入宣传新疆的历史包括民族发展和宗教演变的历史，增强各族群众对伟大祖国的认同、对中华民族的认同、对中华文化的认同、对中国特色社会主义道路的认同。要唱响共产党好、社会主义好、改革开放好、伟大祖国好、各民族大团结好的主旋律，激发各族干部群众热爱党、热爱社会主义、热爱祖国的热情。

第二，坚持民族团结。这是中国各族人民的生命线。做好民族工作，

11 摘自中国民族报编写组：《三千孤儿入内蒙：一段流淌着民族大爱的共和国往事》，来源：中国民族宗教网，http://cpc.people.com.cn/n1/2021/0721/c438080-32164941.html. 访问日期：2022 年 6 月 10 日。

12 汉族离不开少数民族、少数民族离不开汉族、少数民族之间也相互离不开。

最关键的是搞好民族团结，最管用的是争取人心。要正确认识中国民族关系的主流，多看民族团结的光明面。善于团结群众、争取人心，全社会一起做交流、培养、融洽感情的工作。加强各民族交往交流交融，尊重差异、包容多样，让各民族在中华民族大家庭中手足相亲、守望相助。

延伸阅读　“促进各民族像石榴籽一样紧紧抱在一起”

“像石榴籽一样紧紧抱在一起”，是一个十分亲切、熟悉的比喻。在谈到民族团结时，习近平总书记多次用到这一比喻，生动鲜活，含义深刻，让人印象深刻。

2014 年 5 月，在第二次中央新疆工作座谈会上，习近平总书记指出：各民族要相互了解、相互尊重、相互包容、相互欣赏、相互学习、相互帮助，像石榴籽那样紧紧抱在一起。

2017 年 1 月，在给库尔班大叔后人的回信中，他也殷殷期盼：“希望你们全家继续像库尔班大叔那样，同乡亲们一道，做热爱党、热爱祖国、热爱中华民族大家庭的模范，促进各族群众像石榴籽一样紧紧抱在一起，在党的领导下共同创造新疆更加美好的明天。”2017 年 3 月 10 日，习近平在参加新疆代表团审议时指出：像爱护自己的眼睛一样爱护民族团结，像珍视自己的生命一样珍视民族团结，像石榴籽那样紧紧抱在一起。

2018 年 3 月 5 日，习近平在参加内蒙古代表团审议时强调，要深入践行守望相助理念，深化民族团结进步教育，铸牢中华民族共同体意识，促进各民族像石榴籽一样紧紧抱在一起，共同守卫祖国边疆、共同创造美好生活。

在 2021 年中央民族工作会议上确立的习近平总书记关于加强和

改进民族工作的重要思想中，就包括“必须高举中华民族大团结旗帜，促进各民族在中华民族大家庭中像石榴子一样紧紧抱在一起”。[13]

第三，创新载体和方式，引导各族群众牢固树立正确的祖国观、历史观、民族观。用法律来保障民族团结，增强各族群众法律意识。坚决反对大汉族主义和狭隘民族主义，自觉维护国家最高利益和民族团结大局。

第四，坚持共同繁荣发展。新中国成立以来，少数民族和民族地区得到了很大发展，但一些民族地区群众困难多，同全国一道实现全面建成小康社会目标难度较大，必须加快发展，实现跨越式发展。

延伸阅读　贯彻落实民族区域自治制度，实现民族团结历史性进步

2019 年 7 月 30 日，国务院新闻办举行“建设美丽新疆 共圆祖国梦想”发布会。中共新疆维吾尔自治区党委副书记、自治区主席雪克来提·扎克尔在回答记者提问时介绍，新疆自古以来就是多民族聚居的地方，2480 多万人，世居的民族有 13 个，全中国 56 个民族，绝大多数民族都有人口在新疆居住。新疆贯彻民族区域自治制度，坚决落实党的各项民族政策，实现了民族团结历史性进步。第一，把民族团结作为各族人民的生命线。党对民族团结有一系列方针政策和法律法规，保障每一个民族的平等。地方也出台一系列法律法规，从法治上保障每一个民族的合法权益。第二，贯彻落实民族区域自治制度。这

13 习近平：《论坚持人民当家作主》，中央文献出版社 2021 年版，第 326 页。

是新疆基本政治制度之一，各民族都要参与民族区域自治制度的贯彻落实。截至 2018 年，新疆企事业单位中少数民族干部已经达到 42.8 万人，占到新疆整个干部人数的 50.3%。第三，充分尊重和依法保护各民族使用自己的民族语言文字，发展本民族文化的权利。积极鼓励推广使用国家通用语言文字。新疆有多民族的语言文字报刊、媒体，保证各民族人民的需要。第四，坚持开展民族团结教育活动。根据全面建成小康社会需要，动员一百多万干部到各地跟广大少数民族群众，特别是农牧区贫困少数民族群众结对认亲，促进各民族之间的交往交流交融，增进各民族之间友谊。[14]

五、极大促进了少数民族和民族地区的经济社会发展

新中国成立以后，特别是改革开放以来，中国共产党和国家强调要加快少数民族和民族地区经济社会发展，逐步与全国的发展相适应。

中国幅员辽阔，自然条件和资源分布不平衡，不同区域之间的自然条件、经济、社会和文化差异较大。少数民族大多居住在山区、高原、牧区和森林地区，同一区域的各民族在长期交往中形成了共有的、比较明显的区域特点，而不同区域的同一民族在经济、社会和文化风俗等方面往往会有所区别。习近平总书记指出：“要发挥好中央、发达地区、民族地区三个积极性，对边疆地区、贫困地区、生态保护区实行差别化的区域政策，优化转移支付和对口支援体制机制，把政策动

14 摘编《贯彻落实民族区域自治制度 实现民族团结历史性进步》（国务院新闻办公室网站 www.scio.gov.cn 2019-07-30，访问日期：2022 年 5 月 16 日）

力和内生潜力有机结合起来。”[15]实行民族区域自治，可以实现因地制宜、分类指导、精准施策，解决民族地区在改革发展中面临的区域性问题，制定适应各区域特点的经济社会发展政策，促进民族地区发展。

（一）脱贫攻坚战取得全面胜利

民族地区3121万贫困人口全部脱贫，民族自治地方420个贫困县全部摘帽，历史性解决了绝对贫困问题，各少数民族和民族地区与全国一道全面建成小康社会。民族地区城乡面貌发生深刻变化。经济持续快速发展，民族八省区地区生产总值稳步提升，基础设施条件明显改善，教育、医疗、社会保障等公共服务水平大幅提升，生态屏障更加牢固。各民族交往交流交融更加广泛深入。据统计，居住在城市和散居地区的少数民族人口已经超过少数民族总人口的1/3，少数民族流动人口已增长至3000多万人，各民族间的政治、经济、文化、社会联系比以往任何时候都更加紧密，各族人民凝聚力向心力极大增强。

习近平总书记指出：“70年沧海桑田、波澜壮阔，少数民族的面貌、民族地区的面貌、民族关系的面貌、中华民族的面貌都发生了翻天覆地的历史性巨变。”[16]民族区域自治制度集中体现了“坚持各民族一律平等，铸牢中华民族共同体意识，实现共同团结奋斗、共同繁荣发展的显著优势”，取得了令世人瞩目的巨大成就，在维护祖国统一、领土完整，加强民族团结、促进民族地区发展、增强中华民族凝聚力等方面都起到了重要作用。

15 习近平：《论坚持人民当家作主》，中央文献出版社2021年版，第107页。

16 习近平：《论坚持人民当家作主》，中央文献出版社2021年版，第327页。

延伸阅读

在旧中国，国内汉族与少数民族地位是不平等的，民族压迫和歧视严重存在。1924年，孙中山先生在《中国国民党第一次全国代表大会宣言》中提出：“国民党之民族主义，有两方面之意义：一则中国民族自求解放；二则中国境内各民族一律平等。”但最终实现中华民族解放、中国各民族一律平等的是在人民当家作主的新中国。

（二）民族地区实现跨越式发展

新中国成立以来，民族地区经济社会发展水平不断跃升，各族人民生活水平和质量不断提高。据有关部门统计，2018年，民族8省区生产总值突破9万亿元，与1952年相比年均增长8.7%；城乡居民人均可支配收入分别达到33983元、11426元，与1978年相比年均增长分别为12.6%、12.1%。特别是党的十八大以来，民族8省区贫困人口从3121万人减少到603万人。在全面建成小康社会进程中，中国56个民族并肩奋斗、携手前行，共同描绘着实现中华民族伟大复兴的宏伟蓝图。

延伸阅读　民族地区发展整体迈上新台阶

经过持续发展，民族地区经济实力大幅增强，产业结构不断优化，基础设施显著完善，生态屏障更加牢固，人民生活水平明显提高，脱贫攻坚战取得全面胜利，历史性地解决绝对贫困问题，56个民族共同迈进全面小康。兴边富民成效显著，边疆稳固，边民安居乐业。2020年，民族自治地方地区生产总值达8.7万亿元，城镇和农村居民人均可支配收入分别达35987元、13806元，420个国家级贫困县全部摘帽。

“全面建设社会主义现代化国家，一个民族都不能少”。要以习近平新时代中国特色社会主义思想为指导，全面贯彻习近平总书记关于加强和改进民族工作的重要思想，全面贯彻中央民族工作会议精神，坚定不移走中国特色解决民族问题的正确道路，坚持和完善民族区域自治制度，着力推动各民族共同走向社会主义现代化，扎实推动新时代民族团结进步事业，推动实现中华民族伟大复兴。

主要参考文献

1. 《马克思恩格斯全集》第十八卷，人民出版社 1964 年版。

2. 马克思、恩格斯：《共产党宣言》，人民出版社 2018 年版。

3. 《列宁全集》第二十五卷，人民出版社 1988 年第 2 版。

4. 《列宁全集》第二十六卷，人民出版社 1990 年第 2 版。

5. 《列宁全集》第三十三卷，人民出版社 1990 年第 2 版。

6. 《列宁全集》第四十三卷，人民出版社 1990 年第 2 版。

7. 《列宁选集》第一卷，人民出版社 1995 年版。

8. 《毛泽东选集》第三卷，人民出版社 1991 年第 2 版。

9. 《毛泽东选集》第四卷，人民出版社 1991 年第 2 版。

10. 《毛泽东文集》第六卷，人民出版社 1999 年版。

11. 《毛泽东文集》第七卷，人民出版社 1999 年版。

12. 《邓小平文选》第二卷，人民出版社 1994 版。

13. 《习近平谈治国理政》第二卷，外文出版社 2017 年版。

14. 《习近平谈治国理政》第三卷，外文出版社 2020 年版。

15. 《习近平谈治国理政》第四卷，外文出版社 2022 年版。

16. 习近平：《论坚持人民当家作主》，中央文献出版社 2021 年版。

17. 习近平：《在中央人大工作会议上的讲话》，载《求是》2022 年第 5 期。

18. 中央党史和文献研究院、中央档案馆编：《建党以来重要文献选编（一九二一——一九四九）》第十五册，中央文献出版社 2011 年版。

19. 中央档案馆编：《中共中央文件选集》第十一册（一九三九——一九四一），中共中央党校出版社 1986 年版。

20. 中央档案馆编：《中共中央文件选集》第十三册（一九四五——一九四七），中共中央党校出版社 1987 年版

21. 国家民族事务委员会、中央党史和文献研究院编：《新时期民族工作文献选编》，中央文献出版社 1990 年版

22. 中共中央统战部编：《民族问题文献汇编》，中共中央党校出版社 1991 年版。

23. 全国人大常委会办公厅、中央党史和文献研究院编：《人民代表大会制度重要文献选编》（一），中国民主法制出版社、中央文献出版社 2015 年版。

24. 全国人大常委会办公厅、中央党史和文献研究院编：《人民代表大会制度重要文献选编》（二），中国民主法制出版社、中央文献出版社 2015 年版。

25. 彭真：《论新时期的社会主义民主与法制建设》，中央文献出版社 1989 年版。

26. 《乌兰夫文选》下册，中央文献出版社 1999 年版。

27. 《乌兰夫传》编写组：《乌兰夫传》（1906—1988），中央文献出版社 2007 年版。

28. 全国人大常委会秘书处秘书组、国家民委政法司编：《中国民族区域自治法律法规通典》，中央民族大学出版社 2002 年版。

29. 中共中央统一战线工作部、国家民族事务委员会编：《中央民族工作会议精神学习辅导读本》，民族出版社 2022 年版。

图书在版编目（CIP）数据

民族区域自治制度 : 民族团结和睦的根本保证 / 本书编写组编著 .
-- 北京 : 五洲传播出版社 , 2023.10

ISBN 978-7-5085-5123-4

Ⅰ . ①民… Ⅱ . ①本… Ⅲ . ①民族区域自治—研究—中国 Ⅳ .
① D633.2

中国国家版本馆 CIP 数据核字 (2023) 第 194274 号

"认识中国·中国基本制度"系列丛书

民族区域自治制度：民族团结和睦的根本保证

编　　著：本书编写组
出 版 人：关　宏
责任编辑：王　峰
策　　划：常武显
出版发行：五洲传播出版社
地　　址：北京市海淀区北三环中路 31 号生产力大楼 B 座 6 层
邮　　编：100088
发行电话：010-82005927　010-82007837
网　　址：http://www.cicc.org.cn　http://www.thatsbooks.com
排版制作：北京嘉悦信包装有限公司
印　　刷：北京市房山腾龙印刷厂
版　　次：2023 年 11 月第 1 版第 1 次印刷
开　　本：787 mm × 1092 mm　1/16
印　　张：12
字　　数：103 千字
定　　价：58.00 元